ぐるり一周34・5キロ

JR山手線の謎 2020

松本典久・編著
Norihisa Matsumoto

JIPPI Compact

実業之日本社

はじめに

2020年のオリンピック・パラリンピックの開催都市に決まった首都・東京。それをきっかけとするかのように、都内各所で大規模な開発、再開発が行なわれるようになっている。

JRや私鉄といった鉄道も例外ではない。2009（平成21）年に本書の前身となる同名書が出版されてからわずか8年で、鉄道を取り巻く状況は大きく変化している。上野東京ラインが開業し、また東急東横線が東京メトロ副都心線と相互乗り入れを開始した。旅客の流動は大きく変化した。

施設や設備の改良も進んでいる。東京駅が建設時の姿に復原され、渋谷駅や新宿駅も大改造が進められている。ほかにも、山手線の各駅ではさまざまな改良が行なわれている。また、オリンピック・パラリンピックの開催年である2020年には、[田町]～[品川]駅間に半世紀ぶりに新駅ができる。

もちろん、車両の改良も進んでいる。より快適で安全なことはいうに及ばず、バリアフリーの対策も施されたものが整備されるようになった。長らく、混雑していることが当たり前だった東京の鉄道網も、未来を見据えて動き出したのである。

＊　＊　＊

そのような、未来に向けて変容しつつある東京を山手線の変化に注目して描いてゆこうと、本書を制作した。9年前に刊行した同名書をベースとしつつ、現在の事情に合わせて大幅に書き直している。

通勤や通学、ビジネス、ショッピングなどで山手線を利用するとき、改めて車窓の風景を見てみると、未来に向けて移りゆく東京の姿に気づくだろう。

「いつの間にか、ずいぶん多くの駅にホームドアが設置されているなあ」「ああ、ここに新駅ができるのだな」「駅構内の改良工事が完成したときには、乗り換えの時間もずいぶん短縮されそうだな」……。

山手線に乗車の際には、少しでも本書に書かれている内容を思い出していただければ幸いである。

2018年1月吉日

目次

第2章 汽笛一声の陸蒸気から山手線まで 65

第3章 山手線29＋1駅物語 101

◆コラム　山手線各駅のヒミツ

本書は『ぐるり一周34・5キロ　JR山手線の謎』（2009年8月）を加筆・再編集のうえ、刊行したものです。

山手線の変遷❶

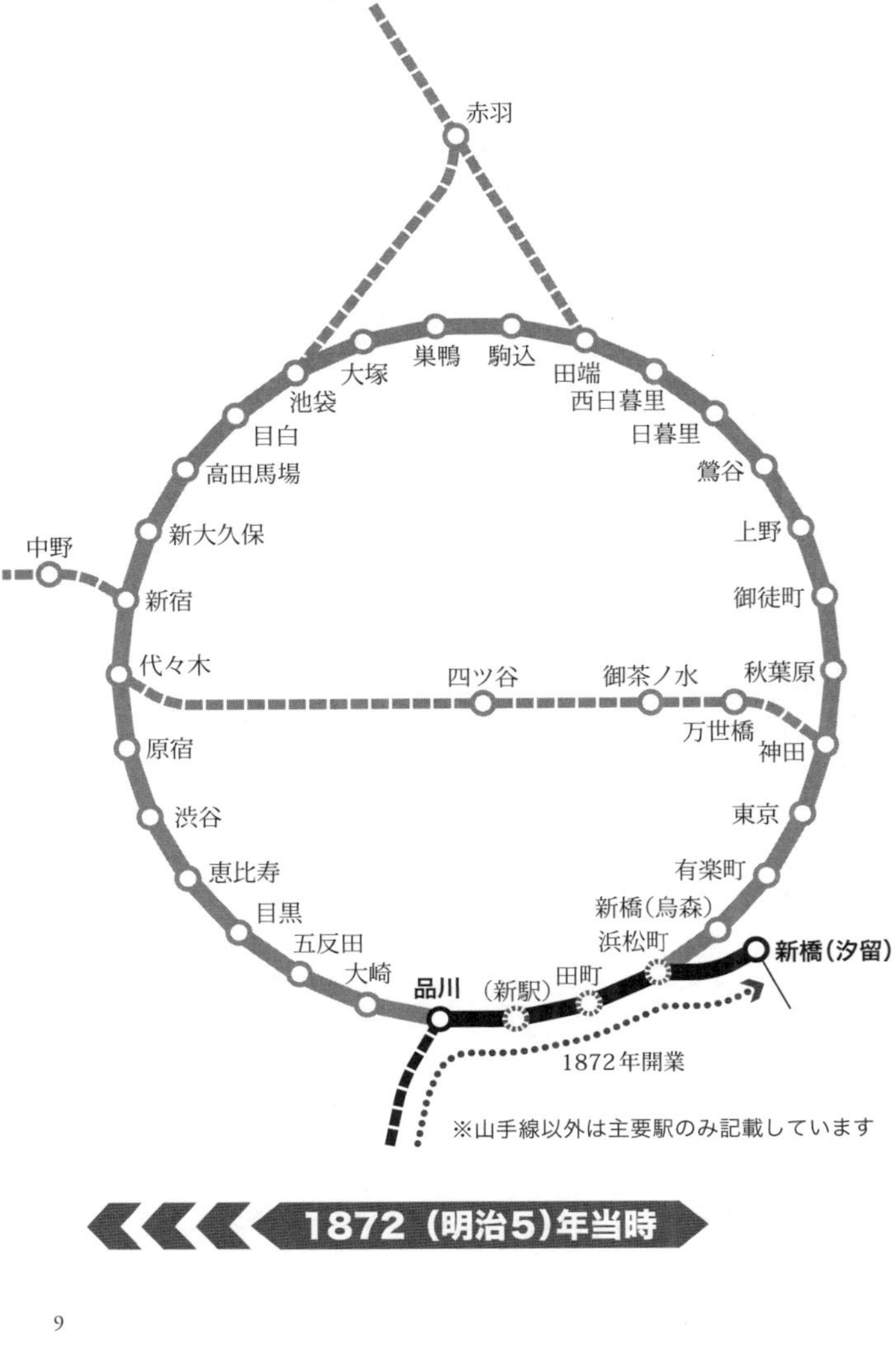

1872（明治5）年当時

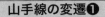

山手線の変遷❷

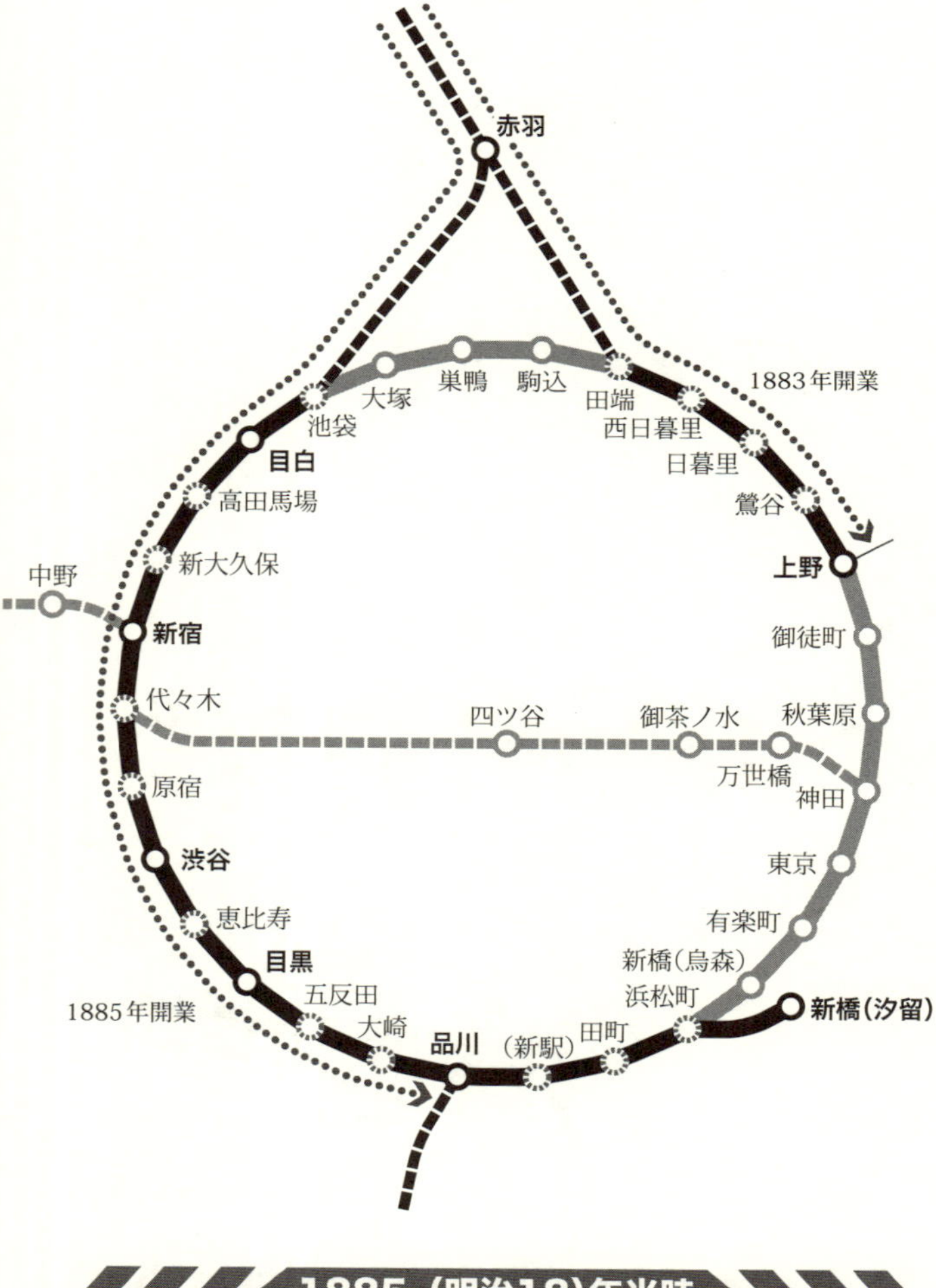

1885(明治18)年当時

山手線の変遷❸

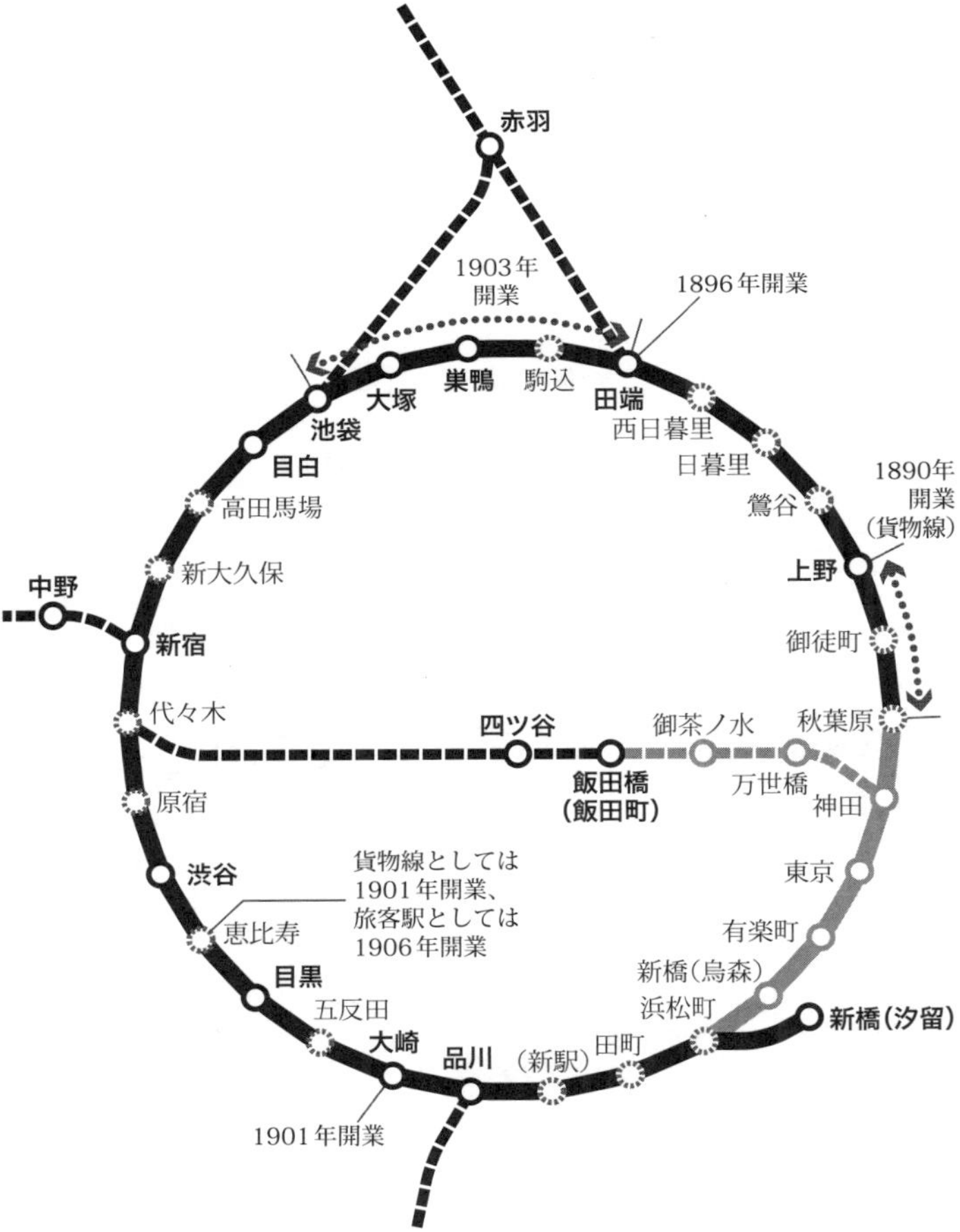

1903（明治36）年当時

山手線の変遷❹

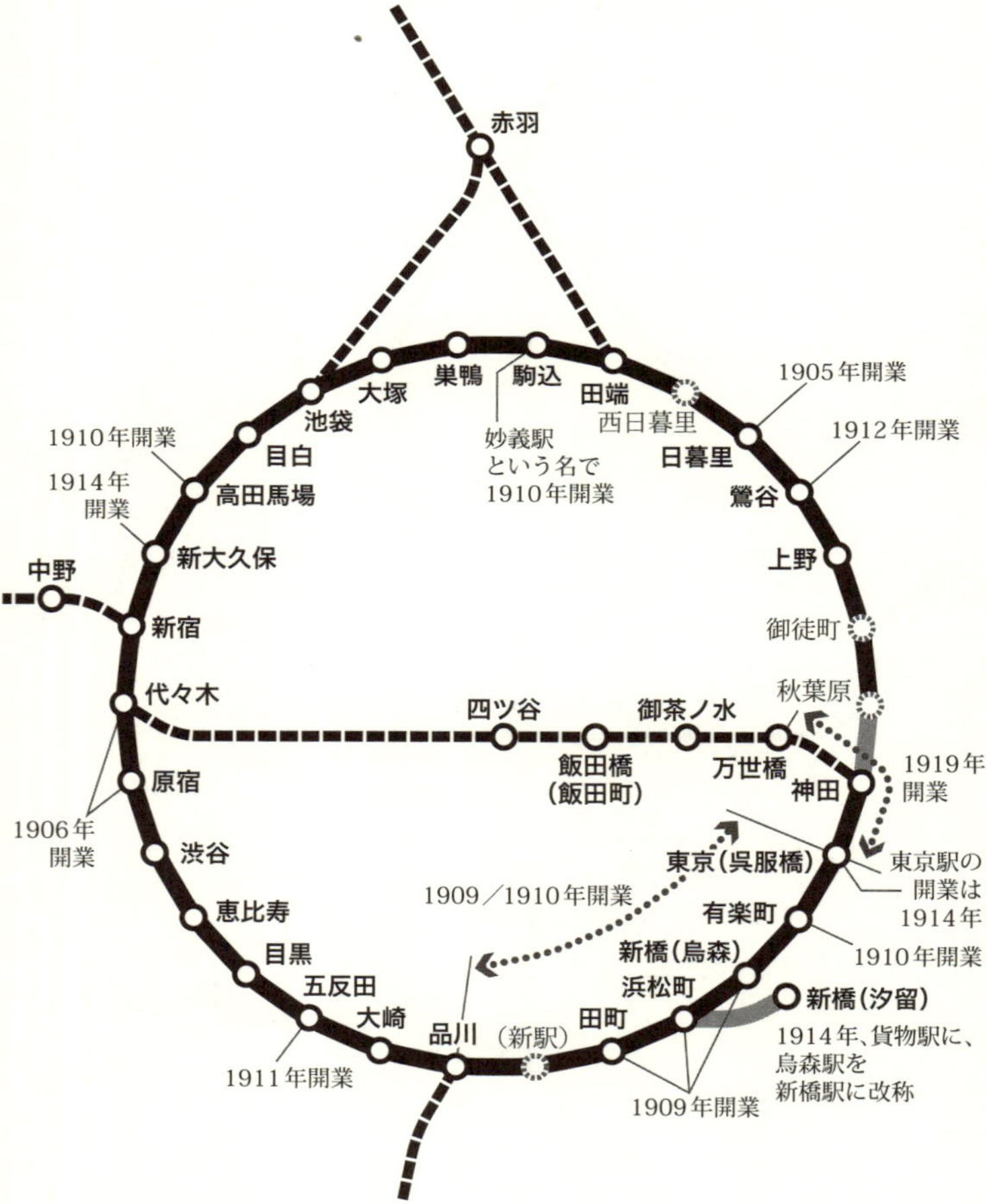

1919（大正8）年当時

山手線の変遷❺

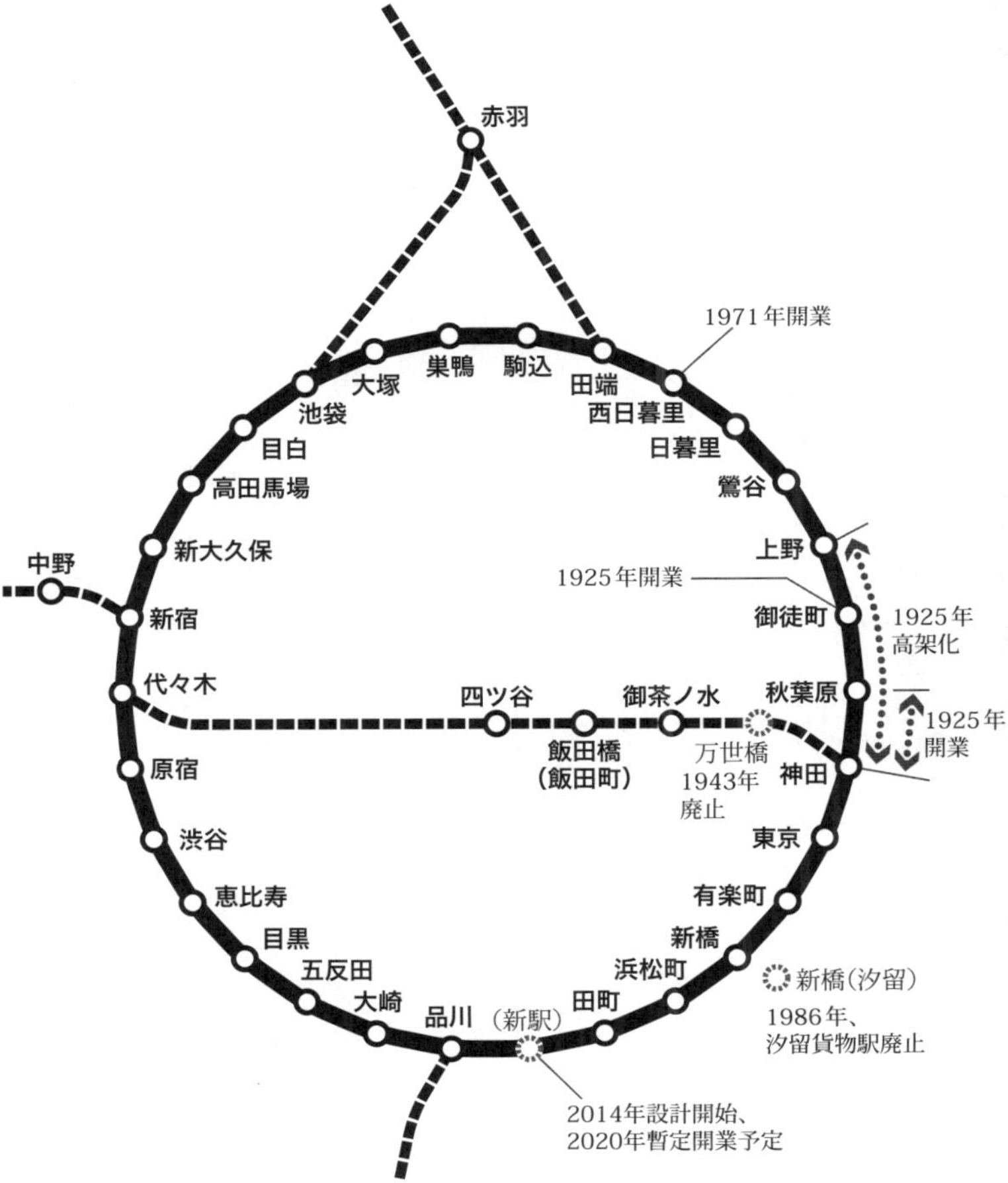

1925（大正14）年～現在まで

●本書で使用している駅名や鉄道用語の表記などについて

①駅名の表記については、地名との混同を避けるため「　」を用いています（例＝「品川」駅）。適宜、「駅」は省いています。

②「山手線」の呼称が正式に用いられるのは１９０９年以降ですが、本書では必要に応じてそれ以前の記述でも用いています。

③鉄道用語には独特な使用の決まりがありますが、本書では、できるだけわかりやすくするため、一般的な言葉に言い換えているものがあります。たとえば、「駅」と「停車場」については、明治・大正・昭和初期と現在では使い方が異なり、また現在でも使い分けがなされています。しかし、支障のない限り一般的な「駅」で統一しています。

④第１・３章で、各駅の乗車人員数を紹介しています。これは、その駅で1日に何人が乗車したか（改札口を通ったのか）を表しています（ＪＲ東日本の公表データ）。降車の人数はカウントしていないため、いわゆる「乗降客数」よりは少なくなっています。

第1章

知れば楽しくなる山手線の大常識

山手線の定義を考えたときに見えてくること

「山手線」とひとことでいっても、さまざまな意味を持つ

首都圏にお住まいの読者なら、ほとんどの人が乗ったことのあるだろう山手線。新宿や池袋、渋谷、東京といった繁華街をぐるりとつないで29の駅を結んで走る、日本でも屈指の路線である。この29駅のうち26駅までが、ＪＲ東日本管内の乗車人員ベスト１００にランキング。ベストテンには、先に紹介した４駅のほか、品川と新橋、秋葉原がカウントされている（いずれも２０１６〈平成28〉年度）。

営業キロにして全長34・５キロ、駅の数は29である（２０２０年に30となる）。環状になったこの路線を、電車はおよそ1時間で一周している。

ひとことで「山手線」と呼んでいるが、細かく見ると、実はこのひとことがいろいろな意味を示している。

まずは、「運転系統としての山手線」。ぐるりと一周する山手線である。本書で紹介する根源的な用法でもあり、一般利用者にとって最もなじみのある使い方である。

この場合、時刻表を見ると山手線は［東京］駅を起点として紹介され、［東京］駅に戻ってくる。普通の路線では、列車の進行方向を「下り」「上り」で示すが、環状運転となる山手線の場合は「外回り」「内回り」で示す。これは、電車は左側通行を原則とするため、［東京］→［品川］→［渋谷］→［新宿］→［池袋］→［上野］→［東京］と運転されるのが外回り、逆方向が内回りだ。

続いて「線名としての山手線」もある。ＪＲ東日本の線名リスト（『会社要覧２０１７－２０１８』）で山手線を調べてみると、［品川］～［田端］間（［新宿］経由）、営業キロは20・6キロ、駅数は14とある。［東京］駅を経由する東側の［田端］～［品川］間は省かれている。山手線専用の線路を走っているのに、これはどういうことなのだろうか？

実は線名というのは、その線路を管理・運営するための名称。運転系統としての山手線のうち、［東京］～［品川］間の戸籍ともいえる線路名称は東海道線、［田端］～［東京］間では東北線となっているのである。

新幹線などを利用する際、切符を見ると、たとえば「佐久平→東京山手線内」と書かれている。これは［東京］駅からの営業キロが１０１キロ以上２００キロまでの範囲にある駅と東京山手線内の各駅を結ぶときの乗車券に表示されるものだ。この場合、「東京山手線内」の言葉通り、「運転系統としての山手線」全駅はもちろん、その内側にある中央・

総武線の全駅をも示していることとなる。

さらに、特殊な例になるが、切符を発券するシステムである「マルス」の経路表示の山手線は、〔品川〕～〔田端〕間（〔新宿〕経由）に加え、〔田端〕～〔日暮里〕間も含んでいるのだ。

ともあれ、いろいろな意味合いを持つ山手線――。これは、山手線の成長過程における複雑さが大きな要因だ。このことについては第2章でさらに詳しく述べることにしよう。

では、「山手線」という名称が使われるようになったのはいつからだろうか？

単純には〔品川〕～〔田端〕間の建設当時と思いがちだが、当時は「品川線」「豊島線《としません》」と呼ばれていた。両線の開通後、「山手線」の呼称も使われるようになり、１９０９（明治42）年10月12日に行なわれた国鉄の線路名称制定で、この名前が正式採用された。

数字でおさらいする山手線の現状

駅間距離の最短はなんと500メートル

山手線は、ぐるり一周すると34・5キロ。その間に29駅ある。それを均等割すると、駅間は平均約1・19キロであり、ずいぶん近い。最長でも［田町］～［品川］間の2・2キロだ。最短ともなると、［西日暮里］～［日暮里］間の0・5キロである。山手線の車両は1両が約20メートルの11両連結なので、1編成は220メートルの長さとなる（連結部を除く）。発車して最後尾の車両が駅を離れたときには、先頭車両は駅間の半分に達しようとするほどの至近距離である。

この線路上を、平日ピーク時にはなんと最大23本が運行されている。ほとんどの駅間に1編成が走っている計算となる。それだけの本数の列車が線路上にあると、仮に内回りでも外回りでも全部を合わせると5キロ近い線路が列車で埋まっていることになる。これは山手線全長34・5キロの7分の1にも及ぶ。

160%を超える混雑率の区間もある

1時間に最大23本、1日に300本以上も運行されると、ダイヤも当然過密になる。平日の朝は最短で約2分20秒間隔だ。日中でも約4分間隔、夕方が約3分間隔、土曜・休日は終日約3分間隔で運転されている。

これほど頻繁に運転されていながら、山手線は、混み合う電車である。特に朝のラッシュ時はなかなかのものだ。最も混み合うのは内回りの「新大久保」～「新宿」間で、混雑率は165％となっている（2016〈平成28〉年度）。外回りは159％の「上野」～「御徒町」間である。混雑率とは定員をベースとするが、最新のE235系1編成での定員は1724名なので、混雑率165％なら2845人が乗っていることになる。

これは、「新大久保」駅と「目白」駅、「鶯谷」駅を除く山手線26駅が乗り換え駅となっているため、そうした各路線からの乗り換え客が集中することなどによる。

しかし、一時期は200％を超える混雑率だったこともある。それが現在、だいぶ緩和されてきたのには、次のような背景が考えられる。外回りで最も混み合う「上野」～「御徒町」間では2015（平成27）年の上野東京ライン開業などが、内回りの「新大久保」～「新宿」間では2008（平成20）年の東京メトロ副都心線開業や湘南新宿ラインの充実などにより、乗客が各線に分散されるようになったことだ。

「山手線＝黄緑」のルーツは103系電車

山手線で活躍した電車たち

大正時代の山手線では、ホデ６１００形（のちナデ６１００形、デハ６２５０形）や改良型のホデ６１１０形（のちナデ６１１０形、デハ６２６０形）を中心に基本的に1両で運転されていたが、１９２３（大正12）年の関東大震災で多くの電車を焼失してしまったため、デハ６３１００形（のちモハ10形）が量産された。

しかし、これらの電車はいずれも木製だったため、連結両数の増加によって加減速時の振動がひどかった。さらに１９２４（同13）年2月26日には［恵比寿］〜［渋谷］間で追突事故を起こし、多くの犠牲者を出してしまった。これらは車体を鋼体化することにより、ある程度防げることがわかり、以後、鋼製電車がつくられるようになる。

１９２６（同15）年には鋼製のデハ７３２００形（のちモハ30形）が登場、3年後には丸屋根で全体にスマートな風貌となったモハ31形も登場、山手線でも活躍するようになる。このころの電車は茶色に塗られていた。

その後、国鉄では通勤用としては長さ17メートルの車体で、3扉、ロングシート（窓に背を向けて座る）の車両が、近郊用としては長さ20メートルの車体、2扉、クロスシート（ボックスシート＝進行方向または逆向きに座る）、トイレつき車両を基本とするようにな

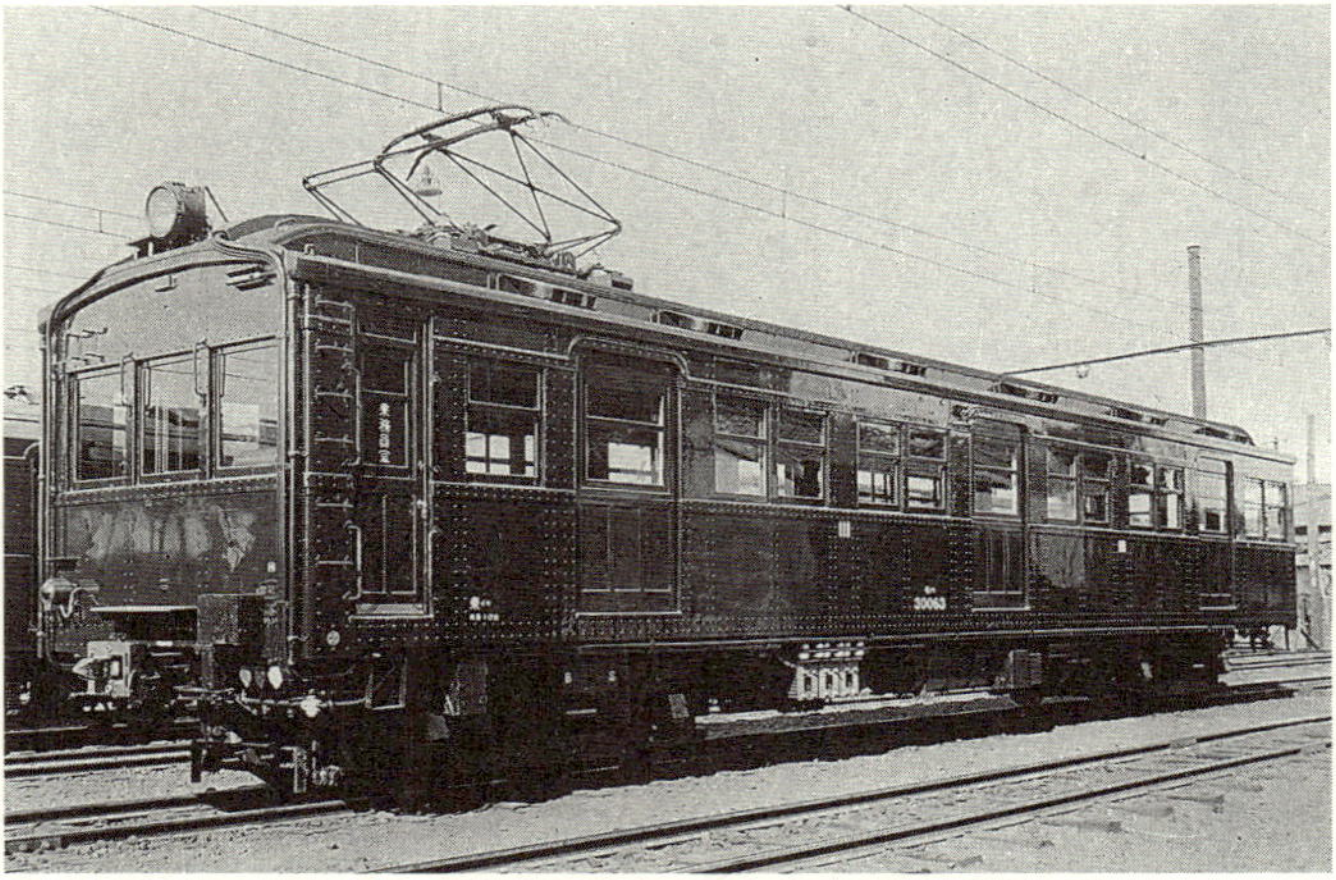
昭和時代に入って導入された鋼製の電車、モハ30形（鉄道博物館蔵）

った。山手線ではもっぱら前者の車両が導入されている。

昭和10年代に入り、日中戦争、太平洋戦争が続き、戦争の激化によってあらゆる資材が統制されるようになった。そのため、電車の新製も１９４２（昭和17）年度で中止している。

しかし、車両は不足したため、１９４４（同19）年には戦時型として設計された20メートル車体のモハ63形が登場する。この車両は、戦後の１９５１（同26）年からモハ73形として改造され、戦後復興期の輸送を担《にな》った。

山手線では高速性より加速性を重視

昭和20年代、山手線ではモハ73形を中心と

昭和20年代の主力車両として活躍した73系電車

するいわゆる73系（72系とも）電車が主力となっていた。これは車体の長さが20メートル、ドアは片側に4カ所、座席はロングシートというもの。これは、現在の通勤形電車に通じる基本の車内レイアウトとなっている。しかし、その動力装置は旧来のものだった。

その後、国鉄では電車の構造を抜本的に見直すプロジェクトが立ち上がり、1957（昭和32）年に90系電車が完成した。

最大の特徴は2両を1ユニットとして編成する考え方だった。それまでの電車は1両ずつに必要な機器を搭載していたが、ユニット化することにより機器の合理的な配分ができ、車体の軽量化や保守の軽減が実現されたのである。また、台車構造やモーターの搭載・伝達方法なども工夫され、性能的にも優れた車

カナリアイエロー色が一世を風靡した101系電車

両に仕上がった。

この90系は、従来の電車とは一線を画すことから「新性能電車」と呼ばれ、その技術は通勤形にとどまらず、特急・急行形、さらには新幹線にも引き継がれていくことになる。

90系は翌年から101系電車として量産され、まず中央線に投入されていった。また、1961（同36）年から山手線でも姿を見せるようになった。

このときから、車体の色はカナリアイエロー（黄色）のものが使われ、それまで「茶色」だった電車のイメージがぐっと明るくなった。

新時代を築いた101系ではあったが、性能的には駅間距離の長い中央線などで使うことを目的に設計されていた。駅間が短く、加

今日に続く黄緑色に初めて塗られた103系電車。写真は1974（昭和49）年以降に製造されたタイプ

減速の性能が問われる山手線では、その性能を活かし切れないという問題もあった。

そこで１９６３（同38）年に、車体関係は１０１系を踏襲、モーターの歯車比を高速向きの１対５・６から加速のよい１対６・０７に変更した１０３系がつくられた。ここでは編成中の動力車数を減らし、車両製造費も抑えるといった工夫も盛り込まれた。

１号編成、同年12月から山手線に投入され、翌年から量産車も登場していく。このとき車体の色が「ウグイス（黄緑）」とされ、それ以来、山手線の電車はウグイス色をシンボルカラーとして今日に続いている。

このように路線ごとに車体色を決めるというのは、利用客にはとても便利なアイデアだった。総武線がのちカナリアイエロー色になり、京浜東北線がスカイブルー（水色）、常磐線がエメラルドグリーン（青緑）に塗られている。

103系は、1984（同59）年までの21年間に3000両以上が製造され、国鉄では最も多く製造された通勤形電車となっている。今も関西圏などで使用されている。

高度成長を象徴した10両編成での運転

101系が投入された時代、山手線は最大8両編成で運転されていた。しかし、将来に向けた先行投資として、1965（昭和40）年からホームの長さを延ばし、また［新宿］［代々木］［渋谷］［目黒］［大崎］［巣鴨］などの各駅ではホームの幅を広げるといった改良工事も行ない、1968（同43）年10月から一部列車を10両編成として運転を始めた。10両編成での運転は混雑緩和には効果が高く、その後、徐々に10両化が進められ、1971（同46）年4月20日以降はすべて10両編成で運転されるようになった。

なお、首都圏通勤区間の10両化は、中央線では1957（同32）年から、京浜東北線では1966（同41）年から始まり、高度成長期を象徴する施策の一つとなっていた。

さらに山手線の10両化に伴い、増えた車両分の車両基地として、品川電車区（現・東京総合車両センター）の新設も行なわれた。この電車区は大井にあった国鉄の工場敷地内に収容４９０両という計画で新設され、用地の都合から1階は洗浄・検修・留置線、２階を留置線とした2階建て構造になっている。多層建ての車両基地というのは日本でも初めての試みで、都市部の基地のあり方として、大きな話題を呼んだ。京浜東北線南行で、「大井町」到着直前の右車窓に見ることができる。

時代を映す「省エネ」を重視した山手線電車登場

意気込んで開発された２０１系だったが……

１９８５（昭和60）年3月、長らく１０３系電車によって運転が続けられてきた山手線に、これに代わる新形式車両が投入された。それが２０５系電車だ。

このころの社会に流行していた言葉に「省エネ」というものがあった。これは省エネルギーの略で、さまざまな活動、運動などに必要とされるエネルギーをなるべく少なくすませようというもので、今日の「エコ」にあたる。

鉄道の世界では、大手私鉄でいち早く「省エネ」志向の車両が製作された。電車の運転に必要なエネルギーが削減されれば、経済性の向上にもつながる。さらに「省エネ」に取り組む姿勢をアピールすることは、企業のイメージ向上にもつながる。

私鉄に比べると規模が大きかったゆえに、新機軸の採用についても後手後手となっていた国鉄に、ようやく本格的な「省エネ」電車が登場したのは1979（同54）年のことである。

その電車は201系。中央線で使用されることを念頭に設計され、オレンジ色の車体に、正面は窓まわりを黒くしたマスクを採用し、制御装置には省エネ効果の高い先進の「サイリスタチョッパ制御」と呼ばれるシステムが搭載された。

201系の登場時には、営業運転に先立って山手線［原宿］駅近くの、皇族が利用するための特別な「宮廷ホーム」（58ページ参照）を使用して車両の一般公開も行なわれ、多くの人が現地を訪れた。国鉄が通勤形車両の一般公開を行なうことは珍しく、201系にかける国鉄の期待の大きさがうかがえた。

しかし、201系が国鉄通勤形電車の新しい標準になることはなかった。201系に搭載された新機軸の制御装置は、省エネルギー性という点では所期の目的を達成したものの、製造に費用がかかりすぎるものであった。イニシャルコストが高騰《こうとう》すれば、ランニングコ

ピカピカの山手線といわれた205系電車と6扉車サハ204形の車内（左上）

ストが優れていたとしても、費用面は相殺されてしまうことになる。

国鉄は新しいシステムを搭載した、よりコストパフォーマンスに秀《ひい》でた車両の開発を余儀なくされた。こうしたニーズを踏まえて誕生したのが205系である。

国電初のステンレス通勤形電車205系がデビュー

205系は、軽量ステンレスによる車体、空気バネを採用した「ボルスタレス台車」、効率のよい「界磁添加励磁制御《かいじてんかれいじ》」といった新機軸を採用して登場した。チョッパ制御だの界磁添加励磁制御だのといわれても、その経済性の差はわからない一般マスコミも、ピカピカのステンレス車体を採用した電車が登場したことを歓迎した。新聞には「ピカピカの山手線」という見出しが躍った。車体は無塗装となり、ラインカラーのウグイス色は正面と側面に帯で表示した。

205系はまず山手線に投入された。それまで山手線で働き続けてきた103系にも、そろそろ交替期が訪れていたのである。

205系の山手線での営業運転開始は、1985（昭和60）年3月25日となった。ただし、同月3日には「山手線開業100周年記念号」というイベント列車が運転され、ここに205系が充当されている。この列車は山手線内回りをノンストップで一周し、これがお披露目日となった。

営業運転開始後の205系の成績は期待通りのもので、その後は急ピッチで増備が進められた。

山手線でついに11両運転開始・6扉車の導入へ

一つの路線をすべて同じ形の車両で運行することは、列車の運転速度を、加速、減速まで含めて均等にし、輸送の効率化をもたらす。

1988（昭和63）年6月、山手線ではすべての列車が205系に統一され、運転速度が向上し、輸送の効率化が実現した。それでも当時の山手線では、輸送需要がさらに上まわっていた。特に朝の［上野］～［東京］間、［新宿］～［池袋］間などの混雑が激しく、混雑率は250％を超えていた。山手線を引き継いだJR東日本には新たな混雑緩和策が求められるようになった。こうした背景のもとに、1990（平成2）年にサハ204形が試作された。

サハ204形は、国鉄・JRの電車で初めてのものとなる、斬新なデザインを採用した電車だった。車両の両側に六つずつの扉が設けられたのである。さらにラッシュ時にはすべての腰掛けを折り畳むという、前代未聞の試みも盛り込まれていた。車両の側面に多くの扉を設けることは、駅での乗降をスムーズにし、ひいてはラッシュ時に列車の運行を円滑にする効用を持つ。しかしその半面、座席の数を減少させ、それが居住性の低下に結びつく可能性もある。

わが国の鉄道では、それまでに京阪電気鉄道で5扉車が運転されているが、この車両にしてもラッシュ時以外は、5扉のうちの二つの扉を閉め切りとして、3扉車として運用されていた。サハ204形で採用された6扉というのは本当に初めての試みだった。さらに時間限定ではあるが、腰掛けを一掃してしまうという大胆なアイデアにも驚かされた。マスコミからは乗客を荷物扱いするなと非難めいた声も出たが、現実問題としてそれを受け入れざるを得ない状況になっていたのである。

サハ204形は、まず2両が試作され、1両ずつを試験的に山手線の205系に組み込んで運転することになった。編成中に組み込む位置についてもさまざまに変え、10両編成の何号車に6扉車を連結するのが混雑緩和策として有効なのかについて模索された。

実際に営業運転が開始されると、山手線の利用客は、この車両の登場を好意的に受け止めた。もとより乗車時間が長くないこの路線では、乗客は座席に座る機会よりも、混雑の緩和を選択したのである。

6扉車のサハ204形はその効用を認められ、試作の2両に続いて量産が始められた。そして、従来10両で運転されていた編成に10号車として1両ずつ組み込み、11両編成として運転するようになったのである（[東京] 駅でいえば [神田] 方から2両目）。サハ204形の能力とともに11両化によって、山手線の輸送力は格段に向上したのだ。すべての編成に組み込みが終わったのは、1991（同3）年12月のことだった。

JRにとっても、冒険であったには違いない6扉車は、その後、横浜線、埼京線などを走る205系にも連結され、同じ意匠は現代の山手線を走るE231系にも引き継がれた。

E231系の500番台が山手線へ

国鉄の分割・民営化直前に登場した２０５系も、登場からおよそ15年を経過した時点で後継車両を迎えることになり、ほかの線へと退くことになった。

１０３系から２０５系の登場までの24年間という期間に比べ、驚くような早さで新型車の投入となったが、車両技術がどんどん進化し、旧来の感覚とは違う見極めが必要な時代となっていた。

コストパフォーマンスを重視して製作された２０５系は、通勤形電車の新しいスタンダードになるかと思われたが、やがてＪＲ各社はそれぞれが独自の設計による車両を製作するようになる。これは通勤形車両に限らず、新幹線、特急形などすべての車両に対していえることで、国鉄時代に設計された車両がその後も増備されるということはなくなった。こうした状況のなかで、２０５系の増備も打ち切られていた。

ＪＲ東日本では、新しい時代のスタンダードとして、通勤用と、いわゆる中距離用のどちらにも使用できる汎用性の高い車両を製作することになった。運転や車両の管理に「Ｔ《テ》Ｉ《イ》Ｍ《ム》Ｓ《ス》」と名づけたコンピューターシステムを導入したほか、制御装置や保安装置には最新のテクノロジーを採用し、高い経済性と信頼性が確保されることになった。このような

E231系（500番台）。中距離用にも用いられる汎用車両だ

経緯から誕生したのがＥ２３１系である。

　Ｅ２３１系は、東海道線、高崎線、東北線、常磐線など、東京を中心とするＪＲ東日本の各幹線に続々と投入されていった。

　そして山手線では、Ｅ２３１系の山手線用バージョンとなる５００番台が投入され、２００２（平成14）年４月から運転を開始した。この車両にも６扉車が採用されているが、ここでは７号車と10号車として２両組み込まれ、さらなる混雑緩和を図っている。もはや荷物扱いといった揶揄《やゆ》も聞かれなくなった。

　以後、山手線へのＥ２３１系の導入は順調に進み、２００５（同17）年４月には山手線のＥ２３１系化が完了。２０５系は姿を消してしまった。

　このＥ２３１系では、外観が従来の山手線

車両から大きく変更された点があった。正面から見たときに、裾が絞られているのだ。裾から上に幅が広くなり、ちょっとホームにせり出すような形になった。これにより、室内では座席が壁寄りに広がって、立ち席スペースが増えたのである。それまでの側面が垂直である車両に比べ、定員が1両あたり十数人ずつ増え、1編成では約150人も多く乗れるようになった。

6扉車の廃止

E231系化が完了してから5年後の2010（同22）年2月〜翌年9月には、すべての6扉車が順次4扉車へと置き換えられた。置き換えの理由には、当時、活発化し始めていた山手線各駅でのホームドア設置と関係がある。山手線の各駅に6扉車用のホームドアを設置してしまうと［田端］〜［田町］間で、メンテナンス時などに行なわれる山手線と京浜東北線の乗降位置の共有ができなくなってしまう。京浜東北線では6扉車は採用されていないので、ホームドアと車両のドアが合わなくなる車両が出てしまうということだ。それでは都合が悪い。この問題を解決するため、山手線も京浜東北線にそろえてすべて4扉車で統一することにしたのである。幸いなことに、ちょうどそのころから、前述のよう

2020年春ごろまでにすべてのE231系を置き換える予定のE235系

に東京メトロ副都心線が開業したり湘南新宿ラインが増強されるなどして乗客が他の線に流れるようになり、山手線の混雑がますます解消され、6扉車の必要性が薄れてきたという理由もあった。

今、最新車両E235系が本格導入

黒いフェースに緑の縁取り。見慣れたE231系のなかで異彩を放つのは、山手線の新型車両E235系だ。2015（平成27）年から量産先行編成で試験的な営業運転を行ない、その知見を反映させて量産が開始された車両だ。量産第1編成は2017（同29）年5月22日に登場、その後も量産が続き徐々に出会う回数も増えてきた。JR東日本の計画では2020年春ごろまでに現行のE231系をすべてE235系に置き換える予定だという。

このE235系は、より一層の安全性、安定性、快適性を高めるべく、最新の技術を盛り込んで開発されたJR東日本の次世代電車だ。都市およびその周辺の輸送に関わる電車は、これまで性能面や構造から通勤形、近郊形といった区分けが行なわれていたが、近年のJR東日本の電車は汎用性を高めて一般形として統合している。このE235系も、それにならって一般形電車となっている。

JR東日本が掲げたE235系のコンセプトは、以下の通りである。

①お客様サービスの向上

・優先席の増設
・各車両に車イスやベビーカー向けのフリースペースを設置
・社内情報提供装置の増設
・トレインネット環境（車内でのインターネット接続サービス）の整備

②環境性能の向上

・VVVFインバータ制御装置に次世代半導体素子（S・iC＝シリコンカーバイド）を採用、消費電力をさらに抑制

・オイルフリーコンプレッサーを使用、環境負荷を軽減

③さらなる安全性・安定性の向上

・車体強度の向上

・改良型戸閉装置の採用

・車内および車外間の情報ネットワークを強化

・常に機器類の状態監視を実施

このコンセプトにはないが、E235系では「独立M車方式」を採用した点にも注目したい。

国鉄時代に開発された101系電車以降、電車では「ユニット方式」として通常2両で一つのシステムを構築するものが多かった。これは各機器の有効活用によって車両製造コストや車体重量を下げ、取り扱いの点でもメリットが多かったことによる。JR東日本でもE233系まで大半の電車がユニット方式となっている。一方、編成の長短はユニット単位で調整することになり、きめの細かい車両の増減は困難だった。

しかし、E235系で採用された独立M車方式は、全車両に制御機器を搭載するもので、1両単位での増減が可能だ。なお、集電装置（パンタグラフ）など、一部の機器は特定車両に複数車両分の機能を持たせ、ここでまかなっている。つまり、ユニット方式と、1両

にすべての機器を搭載する１Ｍ方式の双方のメリットを活かした方式だ。

また、情報ネットワークの強化は、従来の「ＴＩＭＳ」に代わる新しい列車情報管理システム「ＩＮＴＥＲＯＳ《インテロス》」導入によって実現した。ＴＩＭＳが各車にある各中央・端末演算ユニットによって演算・制御を行なう分散制御方式であったのに対し、ＩＮＴＥＲＯＳでは各種演算機能を中央ユニットに集約した集約制御方式となった。データ通信速度も10倍以上に向上しており、ドア上のデジタルサイネージでのトレインチャンネル広告コンテンツや車両機器のモニタリングデータなど、大容量のデータを扱うことも可能となったのである。

なお、現行のＥ２３１系が山手線に新製投入されたのは、前述のように２００２（平成14）年4月のこと。それから10年少々で新型車両の開発へと進んだことになる。ちなみに鉄道車両の減価償却期間は税法で定められており、電車では13年となっている。ただし、実際に使用される寿命はそれよりも長く、一般に20〜30年は使われている。実際、国鉄民営化でＪＲが発足してから30年以上たっているが、国鉄からの引き継ぎ車の一部はいまだに現役で活躍しているものもある。そうしたなかでの今回の山手線の更新は、かなり早い動きといえるだろう。ここにＪＲ東日本が山手線を全路線のなかでもフラッグシップとして捉え、最善を尽くしている姿勢を感じることができそうだ。

ヒューマンエラーを防ぐための数々の工夫

2分20秒間隔の超過密ダイヤにも関わらず、大事故はほとんどなし

山手線は、たとえ1本乗り遅れても、ホームに上がってひと息つく間もなく次の電車がやってくる。それほど過密ダイヤでありながら、過密ダイヤゆえの事故の話は聞かない。この安全運行の背景は、どこにあるのだろうか。

列車を安全に運行するための技術として「閉塞《へいそく》」がある。これは、線路を適切な区間に分け、それぞれの区間には一つの列車しか走らせないという考え方だ。これにより正面衝突あるいは追突といった事故を防ぐのである。日本の鉄道は、多くがイギリスからの技術指導によっている。こうした閉塞の考え方や方式もイギリスから学ぶことになった。

その閉塞の方法は、時代とともにさまざまな技術が考案され進化してきている。

初期は、電信と併用しながら信号機を扱うというものだった。保安度を高めるため、簡単な通行票も使われるようになったが、信号機とポイント（転轍機《てんてつき》）との連鎖はなかった。

列車本数が増えるにつれ、こうした作業は複雑になり、ヒューマンエラーの可能性も増

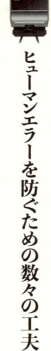

えてくる。そこで1887（明治20）年にはイギリスから信号とポイントの連動機を輸入し、［品川］駅の構内にあった東海道線と品川線（のちの山手線）の分岐部に使用するようになった。

1902（同35）年にはタブレット式の単線用閉塞機がつくられ、これは横須賀線で使用が始まった。この方式は、決められた一つの通行票（タブレット）を持っていないとその区間を走行できないようにするシステムで、現在もなお一部のローカル私鉄などで現役として活躍している。スタイルこそ古めかしいものの、信頼性の高い技術である。

そして、1904（同37）年には自動閉塞信号機も登場する。これはその言葉の通り、自動で信号を表示するものだ。ヒューマンエラーを低減させる、保安度の高いシステムである。日本で最初に設置したのは、甲武鉄道の［飯田町］（現在は廃止）～［中野］間で、電車運転の開始時に合わせて設置された。使用してみると信頼性は高く、列車本数の多い区間に朗報となった。

信号機の導入で安全性が飛躍的に高くなる

山手線も1909（明治42）年の電車運転開始と並行して自動閉塞信号機を設置するこ

となり、［烏森（現・新橋）］～［新宿］～［上野］間、［池袋］～［赤羽］間に取りつけられた。さらに同年には「列車運転取扱心得」も制定して列車の安全度を高めている。また、1913（大正2）年には、［呉服橋］仮停車場（［東京］駅の仮駅）～［田町］間に新しい「腕木式《うでぎしき》自動閉塞信号機」が導入された。これがのちに山手線全線や中央線へと広がっていった。

しかし、腕木式信号機は昼間と夜間の信号表示方法が異なり、山手線のような電化路線では、架線柱などの構造物に隠れて見にくいなどの指摘も出され、1925（同14）年の［東京］～［上野］間の開通時には、今日のような「色灯式《しきとうしき》自動閉塞信号機」が導入された。この信号機は昼夜問わず視認性が高く、その優秀性が認められたため、以後、電化区間を中心に全国的に広がっていく。

山手線は電車運転を始めたときから列車密度が高く、常にこうした最新保安施設の導入モデル線区の一つとなっていた。

「D-ATC」の導入で信頼性が飛躍的に向上

2006（平成18）年7月からは「D-ATC」、すなわち「デジタルATC」の使用が始まった。

山手線では列車密度が高いことから、1981（昭和56）年には「ATC（Automatic Train Control）」が採用された。これは東海道新幹線で実用化されたシステムで、列車が地上から信号や速度情報を受け取り、自動的にブレーキをかけたり、制限速度以下になればブレーキを緩めたりするといったような運転支援装置だ。

山手線のATCは、車内信号方式となっていて、運転台に適正な運転速度が表示される。運転士はそれに合わせて加速、必要があればブレーキをかけ、それが不十分だと自動的にさらにブレーキがかかるようになっている。

D－ATCは、最新のデジタル技術を用いて改良が加えられたシステムの一つで、列車の停車すべき位置情報が地上から列車に送信され、列車は現在の列車の位置、速度などの情報から、最適の運転パターンを算出し、列車の運行を司るというもの。地上から列車の速度の指示が出される従来のATCよりも信頼性、列車の乗り心地などで、格段の向上が実現したという。

ちなみにD－ATC導入の翌年のダイヤ改正から、一周最短59分という運転も可能になり、ピーク時には1時間に最大で一方向に23本の列車が運転され、首都・東京の輸送の動脈として機能している。また、2007（平成19）年には、JRの在来線として初めてとなるデジタル列車無線が導入されている。

２０２０年東京五輪に向けたさらなる改良

近年、ホームドアの設置で安全性が向上

「ホームドア」は、駅ホームでの安全対策として開発された設備だ。ホームの端、車両が通行する線路に沿って柵を設置、乗降部には自動開閉式の扉を付けた構造となっている。当初、「ホームゲート」という表記も使われたが、現在では国土交通省をはじめ「ホームドア」表記が一般的となった。ちなみにこれは和製英語で、海外（英語）ではPlatform screen door、またはAutomatic platform gateなどと呼ばれている。

海外では１９６０年代から導入が始まったところもあるが、日本では１９７４（昭和49）年に東海道新幹線［熱海］駅で設置されたものが最初だ。これは高速で通過する列車に対応する安全対策だったが、一般の駅でも駅に発着あるいは通過する車両と乗客や荷物が接触することを防ぐために効果の高い設備と認識された。ただし、その設置には、ホー

ムドア取り付けのための用地、さらにホームドアを支えるホーム構造の強度も必要になる。また、ホームドア位置と車両のドア位置をそろえないと乗降が不便になり、こうした配慮も必要となる。特に扉位置の異なる列車が発着する駅では簡単には設置できない。日本でも1980年代から導入例が増えていったが、こうした制約があるため、地下鉄、新交通システム、モノレールなどの新規開業路線が中心だった。

2006（平成18）年にはいわゆる「バリアフリー新法」が施行され、都市部を中心に全国の鉄道駅でホームドアが設置されるようになった。国土交通省によると、2017（同29）年3月末現在、全国686駅に設置され、今後もさらに設置が進められる見込みだ。特に首都圏では2020年の東京五輪を設置目標の一つに見据えている鉄道も多い。

山手線では2010（平成22）年6月から運用が始まった［恵比寿］駅が嚆矢《こうし》となった。2か月後には［目黒］駅でも運用を開始している。

当時の山手線では混雑対策の一つとして11両編成中の7号車および10号車に6扉車を導入していた。ほかの車両は4扉車で、これがホームドア導入のネックにもなっていたのだ。そのため、［恵比寿］・［目黒］駅の運用開始時、7・10号車部分にはホームドアが設置されていない。前述のとおり、翌年9月には山手線全編成が4扉車に統一され、翌月から［恵比寿］・［目黒］駅の7・10号車でもホームドア運用開始となっている。これでドア位置の問題が解決し、以後、［大崎］駅、［池袋］駅、［大塚］駅、［巣鴨］駅……と設置が続き、２０１７（同29）年10月現在、未設置の駅は［渋谷］［新宿］［東京］［新橋］［浜松町］のみとなっている。

山手線のホームドアはＪＲ東日本でも最重要課題と考えられ、２０１７（同29）年２月にはホームドアの設置完了時期を、これまでの「２０２０年度末まで」から「２０１９年度末まで」に前倒しすると発表している。ただし、駅改良工事の進められている駅では例外もあり、［東京］駅では２０２０年度、［渋谷］・［新宿］駅では２０２１年度以降となっている。

各駅にナンバーをつけて利便性を高める

訪日外国人は２０１３（平成25）年に初めて年間１０００万人を超え、東京五輪の開催される２０２０年には４０００万人に達するともいわれている。それに伴い訪日外国人の鉄道利用も確実に増え、ＪＲ東日本など各鉄道会社では案内表示の多言語化などに取り組んできている。２０１６（同28）年に公表された無料公衆無線ＬＡＮ整備促進協議会の資料では、訪日外国人が旅行中困ったこととして「無料公衆無線ＬＡＮ環境」「多言語対応」

◉山手線の駅ナンバリング一覧

駅名	駅ナンバリング	スリーレターコード	駅名	駅ナンバリング	スリーレターコード
品川	JY25	SGW	駒込	JY10	—
大崎	JY24	OSK	田端	JY09	—
五反田	JY23	—	西日暮里	JY08	—
目黒	JY22	—	日暮里	JY07	NPR
恵比寿	JY21	EBS	鶯谷	JY06	—
渋谷	JY20	SBY	上野	JY05	UEN
原宿	JY19	—	御徒町	JY04	—
代々木	JY18	—	秋葉原	JY03	AKB
新宿	JY17	SJK	神田	JY02	KND
新大久保	JY16	—	東京	JY01	TYO
高田馬場	JY15	—	有楽町	JY30	—
目白	JY14	—	新橋	JY29	SMB
池袋	JY13	IKB	浜松町	JY28	HMC
大塚	JY12	—	田町	JY27	—
巣鴨	JY11	—	（新駅）	（JY26）	—

などをトップに「公共交通の利用方法や乗り場・経路情報」の整備不足が指摘されている。残念ながら、まだ前途険しい状況といえるようだ。

こうした訪日外国人に利用しやすい環境づくりの取り組みの一つとして、「駅ナンバリング」の整備も進められている。駅ナンバリングとは、アルファベット（ローマ字）と数字（アラビア数字）を組み合わせて駅に番号を付けるものだ。この組み合わせであれば世界的にも通用しやすく、案内もよりスムーズにできると期待されている。首都圏では２００２（同14）年のＦＩＦＡワールドカップ日韓大会の開催に合わせて横浜市営地下鉄が導入、２００４（同16）年には東京の地下鉄である東京メトロと都営地下鉄が同時導入している。今では国土交通省の指導もあり、さらなる導入が進められている。

一方、駅ナンバリングの実務は各鉄道に任され、それぞれの鉄道事情を反映させたものとなっている。通常、アルファベットは路線の名前を示すが、路線が1本あるいは少ないところでは路線の区別をせず、数字だけで各駅を表記しているケースもある。逆にJRなどのように路線数の多い大規模鉄道会社、また首都圏や関西圏などいろいろな鉄道による路線網が発達しているところでは、駅ナンバリングが重複しないように苦慮を余儀なくされる。

山手線のあるJR東日本首都圏エリアもこうした問題をかかえ、その調整もあって導入は2016（同28）年8月20日の山手線［目黒］駅を皮切りに随時導入となった。

JR東日本首都圏エリアの路線名はアルファベット2文字で表記され、山手線は「JY」となった。ちなみに横浜線は「JH」で、このあたりの選定も苦労したと思われる。山手線各駅の番号は前ページの表の通りで、JY26が欠番となっているが、これは［田町］〜［品川］間に建設中の新駅を見込んだものだ。

なお、首都圏では複数路線が集まるターミナル駅もあり、ここではさらにアルファベット3文字からなる「スリーレターコード」も併記され、利便性を高めている。

山手線の運賃と乗車客数の移り変わり

開業当時の運賃は、あんパン300個分!?

1872（明治5）年10月14日（新暦）、［新橋］～［横浜］（現・［桜木町］）間に日本で初めての鉄道が正式開通した。しかし実際には、その4カ月前の5月（旧暦）に［品川］～［横浜］間で仮開業しているので、山手線でいちばん古い駅は［品川］駅ということになる。現在、東海道本線ホームの発車メロディーに「鉄道唱歌」が使われているが、それにちなんでのものだ。

なお、「品川」という地名だが、もともと目黒川の下流や河口一帯にあたるこの地を「品川」と呼んでいたからという説が有力。目黒川の古名が「品川」だったためという説もある。

ではなぜ、［品川］～［横浜］間が先に仮開業したのだろうか。それはレールなどの資材が横浜港から陸揚げされるため、線路を横浜から敷いてきたからである。その後、新橋まで延びたというわけだ。

仮開業とはいっても、〔品川〕〜〔横浜〕間の走行距離23・8キロを単線で1日朝夕2往復、翌日から6往復の旅客列車が運転されたというのだから開業と呼んでも差し支えないだろう。沿線には、文明の利器である列車を一目見ようと人々が押し寄せたという。

その際の片道の所要時間は35分。運賃は仮開業当時、片道上等で1円50銭《せん》、中等は1円、下等は50銭。これは当時の物価からすればあまりに高額であったため、翌月には上等で1円12銭5厘《りん》、中等は75銭、下等は50銭に改められている。

明治時代の1円は現在の2万円くらいにあたる。明治初期に創業した木村屋總本店のあんパンが1874（同7）年に1個5厘（0・5銭）だったというから、開業当初の上等の運賃ならば、あんパンは300個買えた時代である。

現在、JR東日本の〔品川〕〜〔横浜〕間の片道運賃が280円。この金額ではあんパンは2個ほどしか買うことができない。というより、〔品川〕駅であんパンを買って横浜まで歩くか、それとも電車に乗るかと悩む人はほとんどいないだろうが……。

駅のアナウンス第一号は〔品川〕駅。「しながわ〜、しながわ〜」を拡声器で案内

今日では駅構内の乗り換え誘導や列車遅延などのアナウンスは当たり前になっているが、

かつては、駅員がメガホンを片手に持って奮闘していたものである。

1908（明治41）年に［品川］駅利用者数は1日1700人だったが、のちに山手線や京浜線（のちの京浜東北線）が運転されるようになると、駅構内の混雑ぶりは相当なものになったと想像がつくだろう。同駅は乗り換えが複雑で駅員がメガホンで乗客を誘導するものの、絶えず乗客とのトラブルが起きていたという。

その問題の解決策として、大正時代末期、［品川］駅に初めて導入されたのが、拡声器である。欧米の駅ではすでに使われていたもので、当時は「高声電話器」といっていた。同駅に拡声器を採用すると、駅員が能率よく乗客を誘導できるようになり、乗客にも評判がよかったことから、その後、次々と全国の駅へと普及していったのである。

時代とともに移り変わる駅のにぎわい

戦後の駅乗降客数を示すある記録によれば、1955（昭和30）年の順位は第1位が［東京］駅、次いで［新宿］［渋谷］［池袋］［上野］の順であったが、1961（同36）年には［東京］［新宿］［池袋］［渋谷］［上野］駅に変わり、［池袋］駅は順位を4位から3位に上げている。

そして1963（同38）年には、［東京］［池袋］［新宿］［渋谷］［上野］の順となり、なんと［池袋］駅は一時ではあるが［新宿］駅を凌駕したことがあったというから驚く。その後、1966（同41）年には第1位に［新宿］駅、次いで［池袋］［東京］［渋谷］［上野］駅と順位を変えたが、一時とはいえ［池袋］駅が［新宿］駅を抜いたことがあるという記録は、当時の［池袋］駅の急速な発展ぶりがうかがえる。

ＪＲ東日本の公表データによると、2016（平成28）年度、管内の駅の1日平均乗車人員のトップは［新宿］駅で、76万9307人である。これに対して［上野］駅は18万2693人。ＪＲ東日本エリア内では13番目、山手線内では9番目という成績だ。かつては東北・上信越・北陸方面への特急が頻発していて東北地方への「玄関口」とまでいわれた［上野］駅だが、いまや［新宿］駅の4分の1ほどしかない。山手線の名だたる駅の後塵《こうじん》を拝しているばかりか、［秋葉原］駅や［高田馬場］駅よりも乗客数が少ないのが現状である。

［上野］駅の最盛期は、大正時代の末期ごろまでだった。特に大正時代に入ったころの乗降人員のランキングを見ると、［上野］［新橋］［新宿］［万世橋《まんせいばし》］［品川］となっている。［東京］駅が顔を見せないのは、未完成だからである。

このランキングは、次第に変化を見せる。大正時代も末期になると、ランキングトップ

◉山手線の１日平均乗車人員上位20駅の推移

（単位：人）

	2016年度		2014年度		2012年度		2010年度	
1	新宿	769,307	新宿	748,157	新宿	742,833	新宿	736,715
2	池袋	559,920	池袋	549,503	池袋	550,756	池袋	544,222
3	東京	439,554	東京	417,822	渋谷	412,009	渋谷	403,277
4	品川	371,787	渋谷	371,789	東京	402,277	東京	381,704
5	渋谷	371,336	品川	342,458	品川	329,679	品川	321,711
6	新橋	271,028	新橋	253,853	新橋	250,682	新橋	244,916
7	秋葉原	246,623	秋葉原	240,995	秋葉原	234,187	秋葉原	226,646
8	高田馬場	206,683	高田馬場	200,195	高田馬場	201,765	高田馬場	202,396
9	上野	182,693	上野	182,468	上野	183,611	上野	172,306
10	有楽町	169,550	有楽町	165,450	有楽町	164,929	有楽町	162,445
11	大崎	160,820	浜松町	152,910	浜松町	153,104	浜松町	153,594
12	浜松町	155,294	大崎	145,672	田町	145,724	田町	149,477
13	田町	152,624	田町	143,526	大崎	138,311	恵比寿	130,245
14	恵比寿	143,898	恵比寿	135,493	五反田	130,633	五反田	129,154
15	五反田	136,045	五反田	132,617	恵比寿	130,241	大崎	126,436
16	日暮里	110,529	目黒	106,504	目黒	103,033	目黒	102,310
17	目黒	110,219	日暮里	103,809	日暮里	99,875	神田	101,075
18	神田	101,340	西日暮里	97,918	神田	97,779	日暮里	96,633
19	西日暮里	100,276	神田	97,251	西日暮里	94,884	西日暮里	94,059
20	巣鴨	77,151	巣鴨	75,801	巣鴨	76,249	巣鴨	77,457

	2008年度		2005年度		2002年度		1999年度	
1	新宿	766,020	新宿	747,930	新宿	748,515	新宿	756,772
2	池袋	563,412	池袋	564,669	池袋	566,071	池袋	574,243
3	渋谷	426,317	渋谷	423,884	渋谷	424,460	渋谷	423,336
4	東京	394,135	東京	379,350	東京	374,922	東京	376,960
5	品川	328,439	品川	302,862	品川	264,815	品川	247,564
6	新橋	251,021	新橋	236,116	新橋	224,759	新橋	229,942
7	秋葉原	224,084	高田馬場	201,936	高田馬場	206,623	高田馬場	212,438
8	高田馬場	206,890	上野	179,978	上野	186,147	上野	195,654
9	上野	181,244	秋葉原	171,166	有楽町	153,830	田町	162,393
10	有楽町	169,361	有楽町	153,113	田町	149,429	有楽町	160,126
11	浜松町	158,700	浜松町	144,085	浜松町	148,144	浜松町	156,886
12	田町	154,124	田町	142,778	秋葉原	145,157	秋葉原	137,904
13	恵比寿	134,616	恵比寿	131,507	五反田	128,260	五反田	133,202
14	五反田	134,512	五反田	126,137	恵比寿	124,152	恵比寿	129,081
15	大崎	123,918	神田	105,782	神田	108,754	神田	113,286
16	目黒	106,132	目黒	98,344	目黒	99,413	目黒	110,348
17	神田	105,753	大崎	93,709	西日暮里	91,973	西日暮里	99,116
18	西日暮里	94,227	西日暮里	87,392	御徒町	80,253	巣鴨	85,041
19	日暮里	90,637	日暮里	78,921	日暮里	79,852	御徒町	80,752
20	巣鴨	77,958	御徒町	77,011	巣鴨	76,943	日暮里	76,998

※JR東日本の公表資料より

は［東京］駅となった。昭和時代に入ると、［上野］駅は［新宿］駅にも抜かれる。その後、ベスト5のランキングからもはずれていくのである。

山手線の駅が舞台となった歴史的事件

［東京］駅では、首相がふたりも襲われている

［東京］駅は、日本の「中央駅」として設置された。それだけに、日本の歴史の表舞台となった、いくつかのエピソードが残っている。そのなかでも有名なのが、少々物騒だが著名政治家への襲撃の舞台となったことだ。まずは原敬《はらたかし》首相。１９２１（大正10）年11月4日、原の政治姿勢に批判的だった当時の山手線［大塚］駅員が襲撃した。

昭和時代に入ると、社会情勢はより物騒になっていく。１９３０（昭和5）年11月14日には、当時の浜口《はまぐち》雄幸《おさち》首相が、その政治姿勢に批判的だった右翼青年に狙撃されるという事件が起こっている。浜口は命をとりとめたものの、翌年に没した。

二つの事件の現場を示すプレートが、丸の内南口改札付近（原敬襲撃現場）と、中央通路付近（浜口雄幸銃撃現場）に埋められている。

無法地帯となり、電車が止まった［新宿］駅

［新宿］駅は、何かと物騒な事件の舞台となったことで知られている。

1968（昭和43）年――。まだ、学生運動が華やかなりし時代である。同年10月21日、おりしも国際反戦デーのこの日、新左翼の各派が集会を開き、［新宿］駅での騒乱を企図した。夜8時ごろデモ隊が駅構内に乱入して暴徒化したため、列車の運行が麻痺状態に陥った。

騒動は夜通し続き、電車は翌朝の午前10時ごろまで運転ができない状態だった。このとき、逮捕者は700人を超え、史上初めて騒擾《そうじょう》罪（現・騒乱罪）が適用された。

［新宿］駅ではさらに翌年、今度は「反戦フォークゲリラ」事件が起こっている。フォークソングの歌手などが西口地下広場で集会を開き、ベトナム戦争反対などを訴えたのである。

4万人に達する大規模なものとなって、ジグザグデモなども繰り返されたが、警察が集会を禁止して、事態は収束に向かった。

山手線沿線に残る鉄道名所・珍風景を訪ねて

山手線にたった一つだけ残された踏切

山手線は、ある時期にぐるりと一気に開通した路線ではないだけに、時代時代を色濃く映す痕跡が、いまだにあちらこちらに残っているのに驚く。しかも29の各駅それぞれに、数多く見られる。

第3章では、そうしたものも含めた各駅のエピソードや歴史、駅周辺の見どころなどを紹介していく。しかしその前に、各駅に該当しないもので、一度はぜひ現地へ行って見ておきたい、いわば「山手線遺産」とでもいえるものをいくつか、ここで紹介しておこう。

まずは、踏切だ。

「えっ！　山手線に踏切があるの？」

内回りと外回りのそれぞれ最短で約2分半ごとに電車が往来するのだから開いている時間のほうがはるかに短いに違いないが、［駒込］～［田端］間にたった一つだけ踏切がある。「第二中里踏切」という名前である。［駒込］駅から線路沿いに［田端］駅方向に歩い

［駒込］～［田端］間にある「第二中里踏切」。向かって右が［駒込］駅方向

ていくとある。もちろん自動車も通れる。湘南新宿ラインも並行するがこちらは山手線より低い位置を走るので、立体交差になっている。

レンガづくりの高架線が延々残る名所

山手線は当初から環状運転を行なっていたわけではない。詳細は第2章に譲るが、1872（明治5）年に［新橋］～［品川］間が開通し、その後次第に新線が延びていった。そして最後に［秋葉原］～［神田］間が開通し、環状となったのである。その間、山手線はいわゆる「の」の字運転が行なわれた（12ページの図参照）。中央線の［中野］～［新宿］～［御茶ノ水］～［万世橋］経由で［神田」駅へ至り、「東京」～「品川」～「池袋」～「上野」と運行された。

そのなかで、現在は残っていない駅が「万世橋」駅だ。しかし、駅の痕跡は残っている。「秋葉原」駅にほど近い神田川に、万世橋という橋が架かっている。そのほとりを中央線の高架がかすめているが、その高架線は川に沿ってみごとなレンガづくりとなっている。そこが旧「万世橋」駅だ。旧「万世橋」駅は、１９４３（昭和18）年まで駅として営業を続けていたが、その途中の１９３６（同11）年に「鉄道博物館」が併設された。駅の営業休止後も鉄道博物館は存続、戦時中に休館となったが、戦後に「交通文化博物館」として再開、のちに「交通博物館」と改称して２００６（平成18）年まで存続した。博物館閉館後、再整備が行われ、２０１３（同25）年からは歴史的な構造も見学できる商業施設「マーチエキュート神田万世橋」となっている。

現在は中央線として使われているこの高架線は、「神田」駅付近まで延びているので、ぜひ一度訪れておきたいスポットである。なお、後述するが、こうした往年の高架線をそのまま利用した区間が「有楽町」～「新橋」駅付近にも残っている。

あまり使われていない皇室専用のホーム

〔原宿〕駅ホームから見渡すことのできる「宮廷ホーム」。前から4両目に「御料車」が併結されている。写真は、かつて運行された185系の「お召し列車」。

〔代々木〕駅から〔渋谷〕方向に行く場合は左の車窓、逆に〔原宿〕駅から〔代々木〕方面を目指す場合には右の車窓に、木々に囲まれた短い、低いホームがあるのを目にする。車両が止まっていることはまずない。

実は、このホームは「宮廷ホーム」といい、皇室専用なのだ。正式には「原宿駅側部乗降場」といい、いわゆる「お召し列車」が発着するときのみに使用されるホームである。

このホームが設けられたのは、１９２５（大正14）年のこと。当時病弱だった大正天皇のためにつくられたものである。

ただ近年、お召し列車の運行そのものが激減し、２００１（平成13）年8月に今上《きんじょう》天皇が使われて以来、今日まで使用されていない。

掘り上げた土を盛って高低差をなくす工夫

東京都内は意外に起伏《きふく》に富んでいる。海岸沿いの［田町］～［品川］間に標高がほぼゼロメートルの地点があり、［新宿］～［新大久保］間に標高40メートル強という地点がある。ゼロメートルから40メートルまでなだらかに上がっているのではなく、さまざまな起伏、凹凸に富んでいるのが山手線が走る東京の地形だ。

駅間も近いなかで登ったり下ったりを繰り返すような運転では、非常に効率が悪い。しかも当初は、勾配《こうばい》に弱い蒸気機関車が走ったのである。

少しでも起伏を少なくするため、堤《つつみ》を築いたり、掘割《ほりわり》を開いたりなどの連続だった。トンネルを掘れば簡単ではあるが、建設の際には時間のロスになり、またお金もかかった。

［高田馬場］～［目白］間で山手線は、高さ10メートルにもなる築堤《ちくてい》の上を走っている（77ページ参照）。［高田馬場］駅から［目白］駅を経て［池袋］駅に至るまでの地形は、徐々に高くなっている。そこで、［目白］駅から［池袋］駅に向かっては掘割にして、高さを平均化した。このとき、掘割にするために掘った土を利用して盛り上げ、築堤をつくったのだ。

こうして今日、山手線は比較的高低差の少ないところを走ることができているのである。

山手線のボディーカラーと発車音

山手線の帯の色は本当はウグイス色ではない

現在の山手線を走っているＥ２３５系は、車体が軽量ステンレス製で、帯の色は黄緑色あるいは多くの人がウグイス色という。

今、「ウグイス色」と記したが、本当のウグイス色は似ても似つかない、どちらかというと褐色に近い深い緑色だ。それが、いつの間にか「ウグイス色＝黄緑色」となってしまっている。ウグイス豆の色と混同しているのだろうか。

山手線の帯の色は、正しいいい方をすると、「黄緑6号」という、旧国鉄時代からの指定色である。当時、国鉄内では萌葱《もえぎ》色と呼んでいた。

「萌葱色」ならばうなずけるが、なぜウグイス色なのか。一部の鉄道ファンが、間違えてウグイス色だといい、それがそのまま広まってしまったのだともいわれている。

山手線と同様に、首都圏の電車は帯の色が路線別に塗り分けられている。主なものは、次のような色だ（「　」内が正式の呼び名、（　）内は旧国鉄内での慣用的な呼び名）。

・中央線のオレンジ色……………………「朱色1号」(オレンジバーミリオン)
・中央・総武緩行線の黄色……………「黄1号」(カナリアイエロー)
・常磐線の青緑……………………………「青緑1号」(エメラルドグリーン)
・京浜東北線の水色………………………「青24号」(スカイブルー)

この塗装になる前は、国電の色はほとんどが「ぶどう色2号」と呼ばれる、茶褐色あるいは焦げ茶色に塗られていた。蒸気機関車の煤煙などで汚れても目立たないようにするためである。それが鉄道の近代化とともに、戦後、特急、急行など列車別、あるいは電車やディーゼルカーといった車両の種類ごとに色分けされるようになった。

それぞれの色の選択基準や選択理由はなかったようだ。各路線をはっきりと区別できるように異なった系統の色を選んだ結果で、山手線がウグイス色になったのだろうか。

車体側面を借り切るのは1日20万円弱

山手線を利用する人ならば、多くの編成で車体側面に広告をいっぱい貼った車両に出くわす。よく知った企業や製品の広告があったり、一瞬なんだろうと思うような広告だったりする。このように側面に大きな広告を掲出した車両のことを、ラッピング車両という。

ＪＲではＡＤトレインともいわれ、もともとは１９９０（平成２）年から始まった、１編成の車内広告を貸し切った列車のことをいったものだ。今世紀に入り、車体もラッピングするようになっていった。

さて、山手線は屈指の利用客の多い路線であり、こうしたラッピング広告を出すのもさぞやお金がかかりそうだと想像できよう。

ジェーアール東日本企画という広告会社がＪＲ東日本車両の広告も扱っている。同社の資料によると、ＡＤトレインの料金は、Ｅ２３５系の山手線11両１編成の場合、半月掲示で１８００万円となっている。単純計算だが、１日あたり１２０万円弱である。

参考までに記すと、全国紙の全面広告の広告料は１回数千万円といわれる。どちらがどうだという、比較をすることはもとより無意味だが、こうした数字を見たとき、山手線の側面を約３カ月借り切る料金は、意外にお得なのかなという印象だ。

なお、山手線以外の路線も同様な広告が可能だが、料金は山手線の半額以下である。

［上野］駅と［新大久保］駅のみがベルを使っている

列車の発車合図といえば、年配の方には「ベル」が一般的ではなかっただろうか。金属的な「じりりりり〜」という、耳をつんざくような音は、近くで聞くと騒音だが、離れた場所までもよく通ったものだ。

明治時代には、長く、発車の合図として鐘を叩いたり笛を吹いて知らせていたという。しかし乗客の増加に伴い、より大きな音で知らせる必要に迫られ、「ベル」が設置されるようになった。最初に設置されたのが「上野」駅で、1912（明治45）年のことだった。

その後長くベルが使われていたが、1970年代の後半になって、ベルを電子音化したものを使うようになった。さらに1989（平成元）年ごろから、「発車メロディー」を使うようになったという。「渋谷」駅と「新宿」駅が最初だった。

山手線の各駅では現在、固有のメロディーのほか、いくつかのパターンの発車メロディーが使われているが、「上野」と「新大久保」の2駅のみ依然としてベルが使われている（「上野」駅の一部のホームはメロディー）。ただし、電子電鈴と呼ばれる、電子音化したベルの音色である。

「上野」駅は、日本で最初のベルが導入された駅であり、その矜持《きょうじ》からあくまでも「ベル」にこだわっているのかもしれない。また、帰省列車の始発駅というノスタルジックなイメージを保っているということでもあるようだ。

第2章

汽笛一声の陸蒸気から山手線まで

◉山手線略年譜

1869（明治2）年	東京～横浜間の鉄道建設を新政府が決定
1872（明治5）年	品川～横浜間で仮開業 新橋（汐留）～横浜（桜木町）間に日本初の鉄道が正式開業 品川駅、新橋駅が開業
1883（明治16）年	日本鉄道上野～熊谷間開業 上野駅が開業
1885（明治18）年	日本鉄道品川線（品川～赤羽間）が開業 目黒駅、渋谷駅、新宿駅、目白駅が開業
1890（明治23）年	上野～秋葉原間が貨物線として開業
1896（明治29）年	田端駅が開業
1901（明治34）年	大崎駅が開業 恵比寿駅が貨物駅として開業 大井連絡所～大崎間開業
1903（明治36）年	日本鉄道豊島線（池袋～田端間）が開業。池袋駅、大塚駅、巣鴨駅が開業
1905（明治38）年	日暮里駅が開業
1906（明治39）年	恵比寿駅が旅客営業を開始 原宿駅、代々木駅が開業 日本鉄道が国有化、国有鉄道（＝国鉄）となる
1909（明治42）年	品川線（品川～赤羽間）、豊島線（池袋～田端間）の呼称が「山手線」となる 東海道線の品川～烏森（現・新橋）間が開業 烏森（現・新橋）駅、浜松町駅、田町駅が開業 烏森～上野間、池袋～赤羽間で電車運転開始

1910（明治43）年	烏森～呉服橋（東京）間が開業 有楽町駅、呉服橋仮駅、高田馬場駅、駒込駅が開業
1911（明治44）年	五反田駅が開業
1912（明治45）年	鶯谷駅が開業
1914（大正3）年	新大久保駅、東京駅が開業 新橋駅を汐留駅に、烏森駅を新橋駅に改称
1919（大正8）年	神田～東京間が開業。神田駅が開業 山手線「の」の字運転（中野～東京～品川～池袋～上野間）が始まる
1923（大正12）年	関東大震災による被害で「の」の字運転を中止
1924（大正13）年	「の」の字運転が再開
1925（大正14）年	山手線の環状運転が始まる 秋葉原～神田間が開業。御徒町駅が開業。秋葉原駅が旅客営業開始
1945（昭和20）年	山手線を「やまてせん」と呼ぶようになる
1961（昭和36）年	カナリアイエロー色の101系電車が導入される
1963（昭和38）年	ウグイス色の103系電車が導入される
1971（昭和46）年	国鉄が山手線の読み方を「やまのてせん」に統一 西日暮里駅が開業
1985（昭和60）年	省エネルギーに優れた205系が導入される
1987（昭和62）年	国鉄を分割民営化し、山手線は東日本旅客鉄道が承継
1991（平成3）年	全車両が11両編成で運転される
2005（平成17）年	すべての車両がE231系で運転されるようになる
2017（平成29）年	E235系車両の本格導入始まる

日本最初の鉄道が明治5年に開業

山手線成立のはじめの一歩

首都圏の鉄道を代表する路線である山手線――。

この路線は、あるときに一気にぐるりと開通したのではない。明治時代、わが国で最初の鉄道が開通したところに、そのルーツがあり、その後、紆余曲折《うよきょくせつ》を経ながら整備されてきたものである。

ここで、山手線の来歴について振り返ってみよう。

線路名称からすると山手線は環状線にはならないが、やはりぐるりと一周する環状運転の山手線（以後、運転系統の山手線をこのように記す）が親しみやすい。まずは線路名称にこだわらず、山手線が環状線となっていく歴史を見ていこう。

日本最初の鉄道が開業したのは、１８７２（明治５）年のこと。国の産業振興を推し進めるために明治政府が国策の一環として始めた事業であった。同年5月7日、［品川］～［横浜］間が仮開業となり、その後も工事は進められ、同年9月12日に［新橋］～［横浜］

日本で最初の鉄道で走った蒸気機関車。現在は鉄道博物館に展示されている（鉄道博物館蔵）

間の本開業となったのである。

当時は旧暦が使われていたが、これを現在の新暦に直すと10月14日。これにより、10月14日は日本で最初の鉄道ができた「鉄道記念日」として、そして1994（平成6）年からは「鉄道の日」として鉄道界のお祝いが行なわれているのだ。

ともあれ、山手線となる路線のうち、［新橋］～［品川］間がここに開通したのである（9ページ「山手線の変遷①」）。

ただし、正確にいうと現在と同じ［新橋］～［品川］駅間の路線ではない。

現在の［新橋］駅から数百メートル東に当時の［新橋］駅があって、路線は、現在の［浜松町］駅の手前で合流して［品川］駅に至っていた。

国の財政悪化に伴って私鉄誕生の機運が

明治政府は、鉄道を直営の官営鉄道として進めていく方針で、東京と京都を結ぶ東西幹線を中心に京阪神間などの路線計画を立てた。そして、1874（明治7）年には［大阪］～［神戸］間、1877（同10）年には［京都］～［大阪］間が開業となっている。

しかし、同年に西南戦争が勃発、政府は巨額の軍事費を支出することになり、財政は逼《ひっ》迫《ぱく》状態となった。翌1878（同11）年には、わが国初の起業公債が募集されるといった状況になってしまった。そのうちの200万円の交付を受け、［京都］～［大津］間などが開業したが、東西幹線の建設はめどの立たない状態に陥った。

このような状況のなか、政府は民間資本による鉄道建設に対しても門戸を開くように方針を転換した。

これを好機ととらえた有力華族・岩倉具視《いわくらともみ》は、1881（同14）年に日本鉄道という会社を創立する。当時、旧大名華族らに出されていた秩禄公債《ちつろくこうさい》を投資に誘い込み、順調に資金を集めていった。計画では、東京～青森間のほか、新潟、北陸、さらには九州と大規模なものとなっていて、まさに会社名に恥じないスケールだった。

資金に苦しんでいた政府は、この計画を積極的に支持し、土地の収用、工事の代行、一定の利益配当の保証など、きわめて手厚い保護と援助を与えることになった。もっともその代償として、日本鉄道は官吏《かんり》や軍人に対する割引、非常時に政府が自由使用、50年経過後は政府に買い上げ権を認めるなどの義務も負った。

現在の山手線の路線を彷彿とさせる、さまざまなプラン

当時、政府側の責任者となっていた井上勝《いのうえまさる》は、日本鉄道にはまず［東京］～［高崎］間を建設させることにした。東京側の起点としてはいくつかの案が出されたが、最終的には3案に絞り込まれた。

①［新橋］駅を起点としてそのまま北上、上野を経て荒川を渡る
②［品川］駅を起点として東京西部の山の手を通り、板橋から北上して荒川を渡る
③上野を起点として荒川を渡る

井上の目論見としては、①が採算性も高く、理想的なルートではあったが、市街地を抜けるため、用地買収に手間取るとして却下された。もっともこのルートは後年実現、［新橋］～［東京］間は東海道線、［東京］駅以北は東北線となっている。つまり、現在の山手線の一部になっているわけだ。

②も経済効果が高く見込まれるルートである。しかも、当時の山の手は住宅も少なく、用地買収もリーズナブルだ。①と同等、またはそれ以上に魅力的なルートであったといえるだろう。ちなみにこれは現在の山手線と赤羽線（埼京線）ルートである。

最後の③は経費的にリーズナブルだが、線路は上野で途切れてしまう。［新橋］～［横浜］間の鉄道と日本鉄道が独立した状態では、一貫した輸送ができず、官営鉄道にとってのうまみはなくなる。

最終的に井上は②案を選択し、測量に入ったが、予想以上に起伏のある地形だった。工事は相当の期間を要すると判断され、急きょ③案と決まった。

これは1882（明治15）年7月の日本鉄道株主総会でも認められ、同年10月に着工している。

川口以北はすでに着工していたこともあり、工事はスムーズに進み、翌年の7月28日に［上野］～［熊谷］間が開業した。現在の山手線でいえば、［上野］～［田端］（開業当初、田端に駅はなかったが……）間が開通したことになる。

なお、この開業の裏にも悲劇がある。7月20日に岩倉具視が病死したのである。享年59歳。念願だった鉄道の開業まで、わずか1週間足らず前のことだった。

近代日本の立役者として活躍した岩倉は、同月25日に国葬として追悼された。

「品川線」としてまず建設された山手線

東西幹線の一部としての東京〜高崎間

日本鉄道は1884（明治17）年5月1日に「上野」〜「高崎」間を全通させ、6月25日には明治天皇をお迎えして盛大な開業式典も催された。

日本鉄道が順調に動き始めると、やはり官営鉄道としてつくられた「新橋」〜「横浜」間との連絡が問題になった。

乗客の場合、「上野」駅で東京馬車鉄道（1882〈同15〉年に開通）に乗り、「新橋」駅へ向かう。これはのちに都電となる路面電車だ。しかし貨物輸送の場合は、日本鉄道の貨車をそのまま馬車鉄道に走らせるわけにはいかなかった。一般の鉄道と馬車鉄道では線路の幅をはじめとする規格がまったく違うからである。そのため、「川口」駅で荷降ろしし、そこから水運で「新橋」駅あるいは横浜港へと運んだ。

官営鉄道では東西幹線のルート問題もあった。当初は軍部の意向などもあり、中山道に沿ったルートでつくられることになっていた。正式には1883（同16）年10月の決定と

東西幹線のルート案（イメージ）

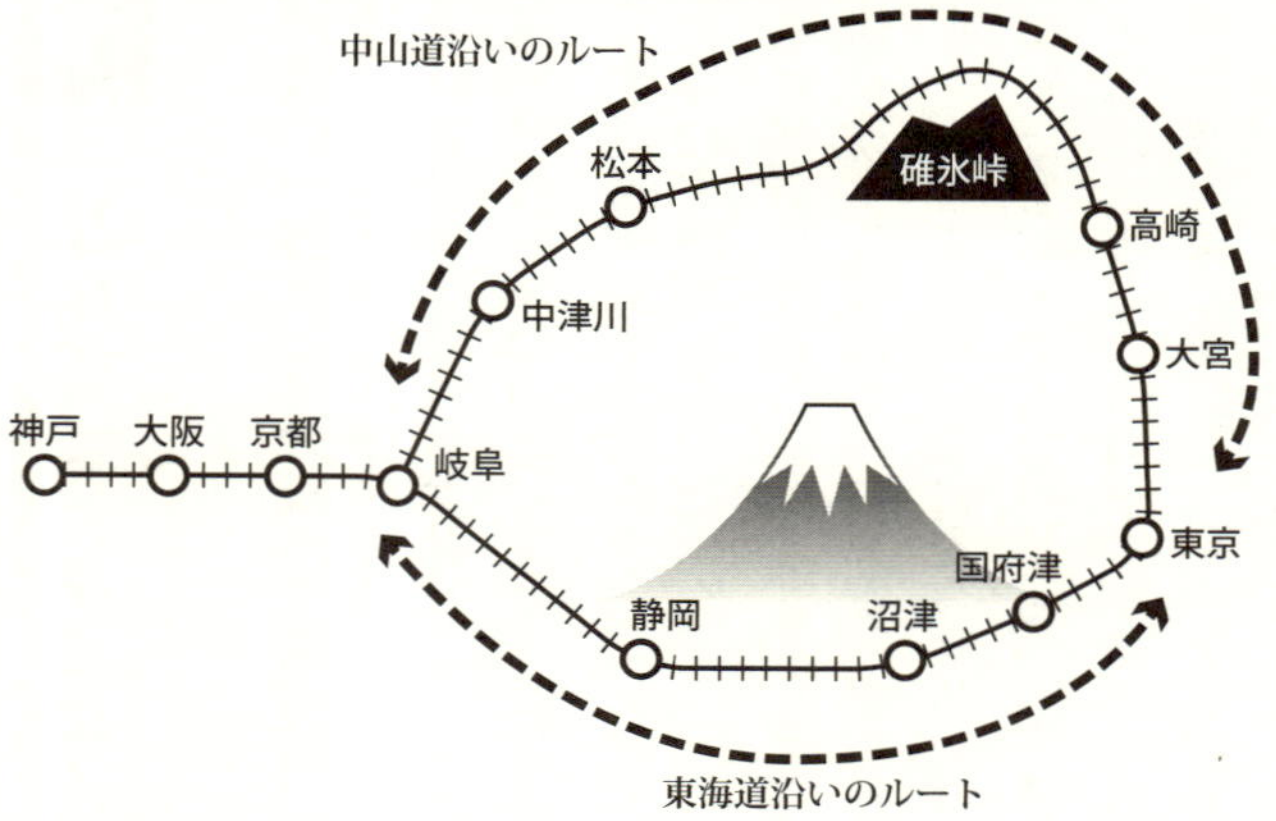

なるが、井上勝が日本鉄道にまず［東京］～［高崎］間の鉄道建設を認めたのは、東西幹線の一部になりうるという目論見があったからだ。

しかし、中山道には碓氷峠《うすいとうげ》という大きな難所があった。このほかにもいくつもの峠を越えねばならない。これらの工事は難航することが予想され、東西幹線は中山道から東海道経由に変更しようとする動きが出ていた。そのとき、［新橋］～［横浜］間の鉄道は東西幹線の一部としてさらに重要性が高まる。日本鉄道と直結することは、欠くことのできない課題であった。

結局、1886（明治19）年7月には東西幹線が東海道経由のルートに変更され、その後の工事が進んでいくことになる。

のちに山手線の一部となった品川〜赤羽間の品川線

井上勝は、１８８２（同15）年に日本鉄道が［上野］駅から建設を進めることを認めたのちも、官営鉄道との連絡にこだわった。そこで井上は、日本鉄道に再三働きかけをする。しかし、日本鉄道としては、これから青森に向かって長大な路線を建設していかねばならない状況のなか、余計な仕事を増やしたくないというのが本音。のらりくらりと逃げたのである。

やがて井上の態度は厳しくなり、日本鉄道としては［東京］〜［高崎］間の鉄道建設すら危ういと判断、ついに１８８３（同16）年7月の臨時株主総会で先述の②案である、東京西部の山の手を通るルートに相当する［品川］〜［赤羽］間の着工を承諾した。井上は政府内で根回しし、翌月には早々工事認可を出している。

この［品川］〜［赤羽］間の路線は、当初「日本鉄道品川線」として開通しているが、このうちの［品川］〜［池袋］間が現在の山手線の一部になっているのだ。

山あり谷ありで難航を極めた品川線の工事

起伏に富んだ武蔵野台地を突き抜ける

のちに山手線の一部となる品川線は、１８８４（明治17）年1月に着工となった。この区間は「東京」～「高崎」間のルートを決めるときに下調べされていたが、品川から目黒、渋谷、新宿、目白、板橋を経て赤羽に向かう、現行の山手線とほぼ同じになっている。

品川から赤羽まで距離にして20キロほど。鉄道建設の経験もある程度蓄積されていたが、完成に至る道のりは遠かった。

一つは地形上の問題である。

東京といっても、日本橋や浅草など江戸時代から商業地として栄えていた地域は、河川による沖積地《ちゅうせきち》で、起伏《きふく》の少ない平地となっている。しかし、その西側には武蔵野台地がせり出し、その接点となる部分では入り組んだ複雑な地形をつくっている。

品川線は、この武蔵野台地の東端を南北に突き抜けるのだ。

そこには神田川をはじめ、いくつかの川が東西に流れ、南北に進むとなると多くの谷を

［高田馬場］～［目白］駅間にある高い築堤上を走る山手線

越えねばならない。

当時、トンネルを掘る技術力は低く、経費もかかってしまう。一方、鉄道の場合、線路は極力水平に設置したい。そのため、山を削り、その掘削《くっさく》土砂を利用して谷に堤を築くといった工法がとられた。

前述のように、［高田馬場］～［目白］間の神田川をまたぐところでは、高さ10メートルにも及ぶ高い築堤がつくられ、線路はその上に敷設された。現在でもその上を通っていて、広々とした視界が得られるポイントだ。

駅を設置することの利害が複雑に絡み合う

②案は商業地と異なり、用地収用は①案よりもスムーズにいくと考えられたが、これも

思惑が外れた。沿線の渋谷、新宿、板橋は、大山街道、甲州街道、青梅街道、中山道といった街道の宿場町として発展していた。ここでは鉄道建設による利害関係が複雑に絡み合った。つまり、賛成もあれば、反対意見も多かったのである。

一方、赤羽には［上野］～［熊谷］間の路線が開業したとき、駅がつくられなかった。［王子］駅を出ると、［川口］駅まで素通りしてしまったのである。実際、1883（明治16）年に鉄道が完成すると、その利便性は明らかとなり、赤羽に駅をつくる誘致運動が起こった。品川線が実現すれば、赤羽はその分岐駅になるのだ。

また、目白も駅誘致に熱心だった。ここには現在の目白通りとなる道路があり、この通りを中心とした沿線村落から嘆願書が出されている。

ともあれ、日本鉄道としても早く完成させるに越したことはなく、着工からわずか1年余り、1885（同18）年3月1日には品川線を開業させてしまった。

これで山手線の［品川］～［池袋］（こちらも開業当初、池袋に駅はなかったが……）間が開通したことになる。このとき、［目黒］［渋谷］［新宿］［目白］駅も開業した（10ページ「山手線の変遷②」）。

もっとも、当時の品川線は、ひどい赤字だったという。それまでの人々の流動は、各街道経由で日本橋～渋谷、日本橋～新宿、日本橋～板橋という動きはあったが、渋谷、新宿、板橋を相互に動くケースは少なかった。品川線を利用する乗客はほとんどなかったのである。

これは、井上の目論見通り、貨物線的な要素が強かったためだ。

それは当時の新聞を見ても、よくわかる。現状で考えると、鉄道開業はビッグニュースだが、当時は大した開業式典も行なわれず、新聞の扱いも小さいものだったという。

［新橋］～［田端］～［上野］間の「C」字型が完成

日本鉄道の路線拡張が進む

日本鉄道は1891（明治24）年9月1日、当初最大の目標となっていた［上野］～［青森］間の路線を全通させた。

翌年、水戸鉄道を買収、今度は常磐方面へネットワークを広げていく。その先には常磐炭鉱があり、その輸送に大きな期待がかかったのだ。

水戸鉄道は現在の水戸線にあたる路線だ。東京への輸送としては栃木県の［小山《おやま》］駅を経由しなくてはならず、遠回りになる。そこで現在の常磐線に相当する路線が建設されることになった。1896（同29）年12月には、東北線の［田端］駅から［土浦《つちうら》］駅までを土浦線として開通させ、以後、常磐方面に延伸していく。

田端にはそれまで駅がなかったが、土浦線の開業に先駆けて同年4月に開設されている。その後に［日暮里］駅が開設され、常磐線は現在のようなルートになった。また、土浦線開通と同時に［田端］～［千住］（現・貨物専用の［隅田川《すみだがわ》］）間の隅田川線も開通させている。

［池袋］～［田端］間のルート決定の紆余曲折

こうして、常磐方面からの貨物線経由駅として［田端］駅の重要性が高まるにつれ、品川方面への連絡がネックになってきた。当時は［田端］駅からいったん、［赤羽］駅まで出て、それから品川線に入るルートしかなかった。これでは北に迂回《うかい》するため、非常に効率が悪かった。

そこで土浦線や隅田川線の開業を目前とした1896（明治29）年8月の株主総会で、［田端］駅から品川線へ直結する連絡線の建設が決まり、すぐに仮免許の出願をしている。

［池袋］～［田端］間のルートが決まるまで

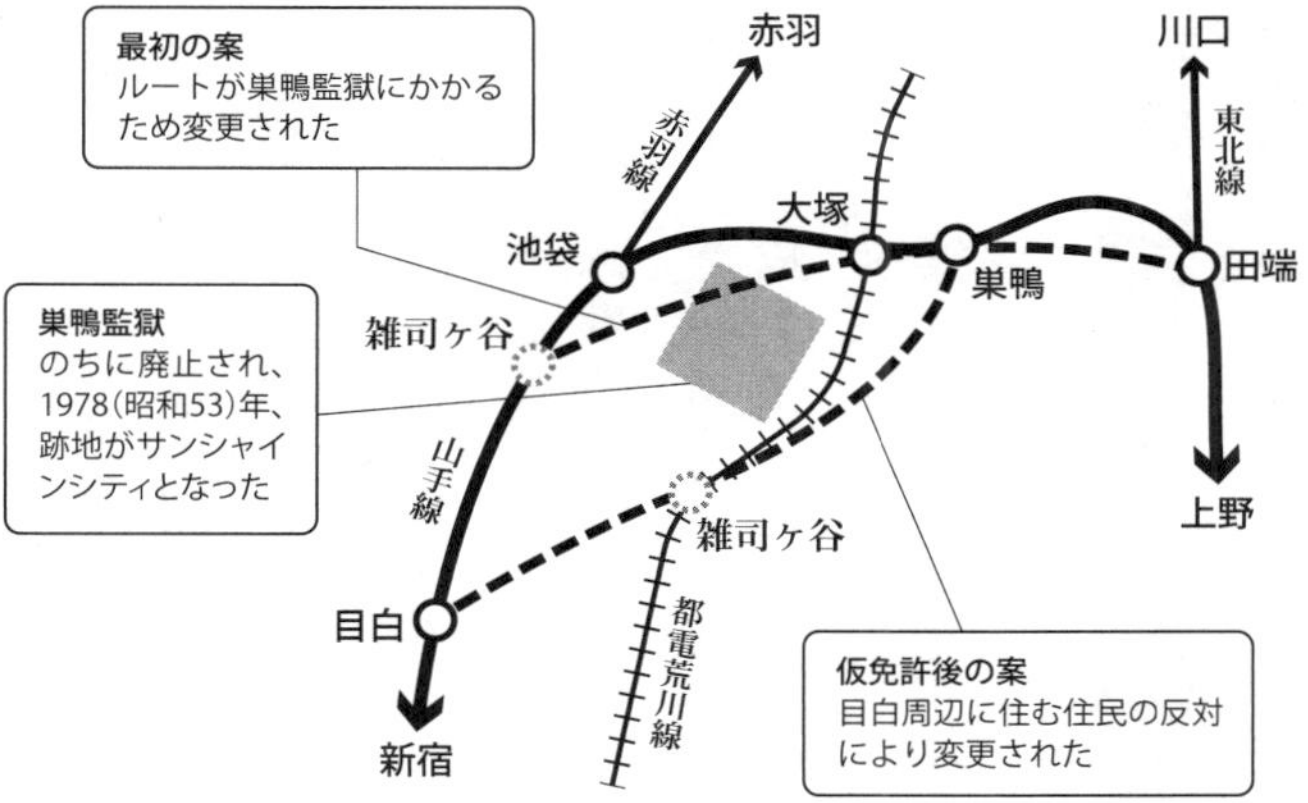

翌年5月には仮免許が下り、日本鉄道は［田端］～［目白］間の図面書類を作成提出したが、2年後の1899（同32）年5月になってようやく建設を許可する免許が下りた。品川線のときは政府側責任者の井上勝が根回ししたこともあるが、すでに井上は退官、通常の政府審査ではこの程度の時間を要したものと思われる。

なお、1896（同29）年の株主総会で決議されたときのルートは、品川線に新たに［雑司ヶ谷《ぞうしがや》］駅を開設し、［田端］駅と結ぶことになっていた。しかし、その途中には巣鴨監獄があり、仮免許が出たあとの図面では、従来の［目白］駅から分岐させるように変更されている。

しかし、目白界隈《かいわい》の村落は品川線誘致のと

きには友好的だったが、今度は逆に反対運動が持ち上がってしまった。また、[目白]駅は将来拡張する場合、地形の関係で施工が困難とも判断され、結局、1900（同33）年8月には池袋に新しい駅を開設、ここから[田端]駅に向かって分岐させるように変更して申請されている。

これに対しては年内に免許が下り、日本鉄道は翌年1月に着工。その後も用地買収などに手間取ったが、1903（同36）年4月1日、ようやく豊島線として[田端]〜[池袋]間が開通したのである。

これで現在の戸籍上の山手線となる[品川]〜[田端]間が全通、運転系統としての[山手線]は[C]の字形を描く[新橋]〜[上野]間ができあがったことになる。全長の7割近くが完成したのだ（11ページ「山手線の変遷③」）。

なお、日本鉄道では豊島線建設時から品川線と合わせて[山手線]という呼び名を提唱、のちに正式に路線名となっている。

column

知ってなるほど！山手線の歴史

山手線はいつから複線化したか

鉄道には単線と複線がある。線路が1本だけの場合を単線という――ただレール1本だけでは列車は走れず、正確にいえば「レール2本」が平行に敷かれて「線路が1本」となる。

単線の場合には、上り列車と下り列車が1本の同じ線路上を走る。上下列車の行き違いは、途中の駅や信号場に設けられた待避設備で行なう。そのため、ダイヤの設定は複雑になり、運転する列車本数も限られてしまう。ただ、複線に比べて線路は半分ですむ。用地や資材もほぼ半分でよく、そのため、現在でも列車の本数の少ない路線では広く利用されている。

線路が2本敷かれると複線となる。これにより、列車は専用の線路を1方向ずつ走ることになり、運転本数を飛躍的に増やすことができる。大都市などでは、複線が2セット敷かれる複々線、さらには3セット敷かれる三複線というものもある。

さて、ここまでたどってきた山手線の路線は、いずれも当初は「単線」で建設されていた。

しかし、日本の中心となる山手線の需要は、当初からある程度高かった。

そのため、1876（明治9）年12月には［新橋］～［品川］間がまず複線化され、1892（同25）年には［上野］～田端間（複線化当時は田端に駅はなかった）も複線化されている。

また、［田端］～［池袋］間の豊島線開通で［赤羽］～［品川］間の品川線も需要が増したようで、1904（同37）年11月には［新宿］～［池袋］間、翌年10月に［渋谷］～［新宿］間、さらに1906（同39）年10月には［大崎］～［渋谷］間と次々と複線化されていった。

なお、［品川］～［大崎］間は1909（同42）年11月に複線化、1910（同43）年4月には［池袋］～［田端］間も複線化された。
そして、その後に建設された区間は初めから複線で設計されている。

国有化が進められた複雑な事情

軍部の要請から鉄道の国有化が進められることに

日本鉄道が［上野］～［青森］間の全通を間近に急ピッチで建設工事を進めていたころ、日本の産業界も近代化によって著しく成長していった。それとともに投機ブームが起こった。

前述のように、明治政府は官営鉄道を基本として進めていく方針だったが、西南戦争で財政的に追い込まれ、日本鉄道の設立を認めた。これは一時的な措置のはずだったが、政府の財政はなかなか立ち直らない。

こうした状況のなかで、投機家たちにとって鉄道事業は魅力的な投資先と映った。「日本鉄道に続く鉄道会社を！」という声が高まり、全国各地で鉄道創設の動きが出てきたのだ。

政府もこれらを認めざるを得ない状況に追い込まれ、まず１８８７（明治20）年５月には「私設鉄道条例」を交付する。これは、１９００（同33）年に「私設鉄道法」、さらには１９１９（大正８）年から「地方鉄道法」が整備され、日本の民営鉄道を管理する法律となった。

現在は、旧国鉄の路線も民営化によって民間のＪＲ各社に移行している。民営化前、国鉄は「日本国有鉄道法」、私鉄（民鉄）は「地方鉄道法」によっていたが、国鉄の民営化によってその枠組みは変更されることになり、１９８７（昭和62）年に新たに「鉄道事業法」が制定され、ＪＲもほかの私鉄もこれによって運営されている。

さて、政府は日本鉄道設立時、政府に買い上げ権を認めさせるなどの制約を与えていたが、「私設鉄道条例」も似たような統制色の強いものだった。しかし、公式に民営による鉄道が認められたこととなり、新たな鉄道が次々と誕生し、路線も各地に広がっていったのである。

北海道では官営だった幌内《ほろない》鉄道の払い下げを受けて北海道炭礦《たんこう》鉄道が設立され、首都圏では中央線の前身となる甲武《こうぶ》鉄道、中京・関西圏では関西線などの前身となる関西鉄道、中国地方では山陽線の前身となる山陽鉄道、九州では鹿児島線や長崎線の前身となる九州鉄道などが誕生、日本の鉄道は官設鉄道よりも私設の方が大きな規模となった。

こうして鉄道網が充実していくなかで、日本は日清・日露という二つの戦争を経験した。このなかで軍部は、非常時の備えとして鉄道の国有化を進言する。緊急を要する軍事輸送も、各社にまたがった運転ではスムーズにできない。また、民間会社では軍事輸送の機密漏えいも懸念される。こうした意見は、軍部以外に主要産業を独占化しつつある財閥からも出されるようになった。物流がスムーズにいかないと、経営的に不利であるとわかってきたのだ。

日本鉄道の山手線もトンビに油揚げで国有化

かくして鉄道国有化は緊急課題として国会で協議され、ついに1906（明治39）年3月31日、日本鉄道など幹線系私鉄17社を買収する「鉄道国有法」が公布された。

その結果、同年10月の北海道炭礦鉄道、甲武鉄道を皮切りとして国有化が始まり、翌月1日には日本鉄道も国有化されてしまう。その1カ月前には［大崎］～［渋谷］間が複線化されたばかり。まさに、「トンビに油揚げをさらわれる」といった状態だった。ともあれ、これで山手線の路線はすべて国のものとなり、一本化されることになった。

なお、残りの路線の国有化も粛々《しゅくしゅく》と進められ、翌年10月には最後まで残っていた関西鉄道、参宮《さんぐう》鉄道も国有化、この法律の目論見《もくろみ》は成就《じょうじゅ》した。こうした私鉄の買収により、国鉄の規模は一気に膨れ上がった。

この法律はそのまま生き残り、1987（昭和62）年に「日本国有鉄道改革法等施行法」の規定によってようやく廃止された。

鉄道国有法公布当時の官設鉄道は、路線延長約2525キロ、機関車769両、客車1832両、貨車1万8821両という規模だったが、ここに各買収私鉄の路線延長約4550キロ、未開業線292キロ、機関車1118両、客車3101両、貨車2万850両が加わり、大きく膨れ上がった。

当時、日本の鉄道は逓信《ていしん》省鉄道局の管理下にあり、官設鉄道は同じく逓信省の外局である鉄道作業局という現業組織で運営されていた。膨れ上がる規模に対応するため、1907（明治40）年4月1日に鉄道作業局は帝国鉄道庁と改編されたが、なかなかうまく進まず、翌年12月5日には鉄道局と帝国鉄道庁を統合した内閣鉄道院が新設され、内閣の直属機関となった。

国鉄オリジナルの電車が初めて走る

現在も見ることのできる最初の電車

現在、日本の鉄道では、大半の列車が電車によって運転されている。

わが国で最初に走った電車は、１８９０（明治23）年に上野で催された勧業博覧会の展示車両だった。５年後には京都の路面電車として走るようになり、やがて全国に広まっていく。

こうした路面電車の発達により、一般の鉄道でも電車の導入が検討されるようになった。当時の鉄道は、蒸気機関車が客車や貨車を牽引する形で運行されていた。これを電車に代えると、運転の簡易性、経済性などの点で有利なため、列車の運行頻度を高めることができる。電車はまさに、大都市の通勤・通学輸送に適した車両なのである。

路面電車を除き、日本で最初の電車運転に踏み切ったのは、中央線の前身となる甲武鉄道だった。１９０４（同37）年に「飯田町《いいだまち》」（現在のＪＲ「飯田橋」駅付近にあった甲武鉄道のターミナル）〜「中野」間で電車運転が開始された。これが、わが国の鉄道線電車

甲武鉄道を最初に走った電車。［四ツ谷］駅付近（鉄道博物館蔵）

の幕開けである。

当初は路面電車と大差ない木製の小さな車両だったが、同鉄道の国有化後、電車運転区間の拡大とともに車両も大型化されていった。

その甲武鉄道で最初に使われた電車の1両は、引退後、信州の松本電気鉄道で客車として使用されていた。廃車後も解体を免《まぬが》れ、現在では埼玉県さいたま市にある鉄道博物館に展示されている。

国鉄オリジナルの電車は長さ16メートル

甲武鉄道は1906（明治39）年10月に国有化され、その電車はいわゆる「国電」として運転されることになった。車両は小型だったが、最初から連結運転を見越した総括制御装置も組み込まれ、大きな成果を上げた。

そこで、内閣鉄道院は、山手線の電車運転を計画する。日露戦争後、東京の人口は急速に膨れ上がり、市内の交通は路面電車だけでは御《ぎょ》しきれない状態になってきた。運転区間は東海道線の［烏森《からすもり》］駅（現在の［新橋］駅。当初の［新橋］駅はその後、［汐留《しおどめ》］駅となった）から［品川］駅を経て、山手線に入り、［田端］駅経由で［上野］に向かうルートを往復するもの。このほか、［池袋］～［赤羽］間も合わせて電車運転されることになった。

さっそく、この間で電化工事が進められ、１９０９（同42）年12月16日から電車運転が開始された。

山手線で運転された車両は、甲武鉄道のものも使用されたが、国鉄オリジナルのものが新たに製造されることになった。

モーターや制御器など電気部品はドイツのジーメンス社製の輸入品を使い、車体は国産となった。当時標準の木製だったが、甲武鉄道の車両より１・５倍以上大きな車体長16メートルというものだった。出入り口は車体の前後2カ所にあり、定員は96人で、甲武鉄道の倍以上となっている。

この車両は当初、１、２、３号……と呼ばれていたが、１９１１（同44）年1月の客車

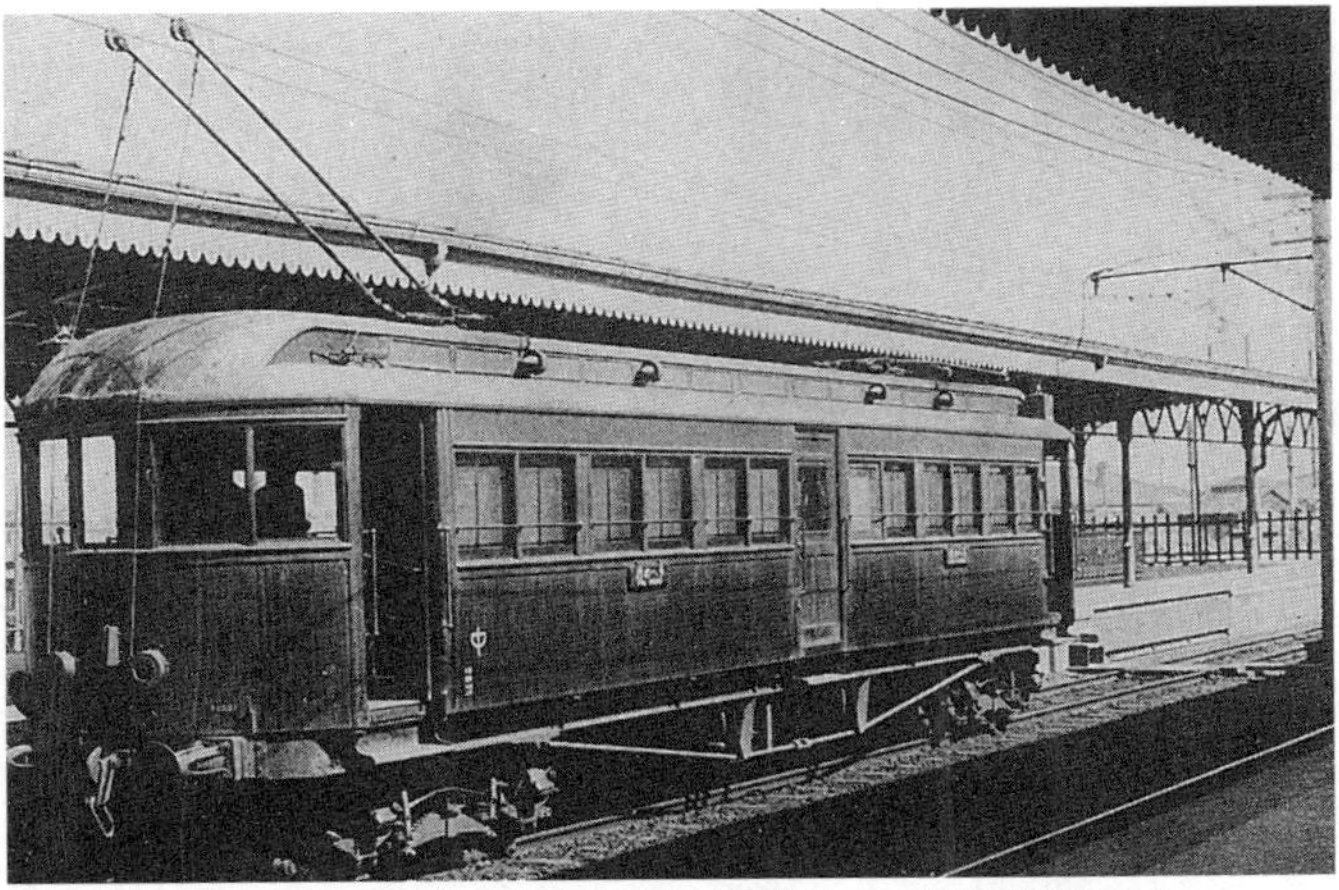

初期の国鉄オリジナルの電車。車体は国産で木製だった（鉄道博物館蔵）

称号規程によってホデ6100形、1913（大正2）年の車両称号規程の改正によってナデ6100形、さらにナデ6250形となっている。

ホデ6100形は10両製造されたが、扉が前後にしかなかったため、混雑時には乗降に時間がかかった。そこで翌年には車体中央部にも出入り口をつけた、改良型のホデ6110形（のちナデ6110形、さらにデハ6260形）が20両も増備されている。こちらの電気部品はやはりジーメンス社のものが使われたが、アメリカのゼネラルエレクトリック社製のものも比較使用されている。

この電車も鉄道博物館に実物が保存されていて、今でも当時の姿をうかがい知ることができる。

架線から電気を取り込む集電装置はポールという、棒の先端に集電用の車輪がついたもの。2本ずつ前後に用意されており、それぞれが架線に触れるように掛けられていた。なお、ホデ6110形は当初から総括制御装置つき、ホデ6100形も1915（同4）年の連結運転開始に向けて総括制御装置の追加搭載を行なっている。

中央線直通で誕生した「の」の字運転

新橋～品川間で電車と蒸気機関車が分離運転

1909（明治42）年12月16日、山手線で電車運転が始まった際、「新橋」側の起点は「新橋（汐留）」駅ではなく「烏森」駅となった。

明治期、新橋と上野を結ぶ鉄道は完成していなかったが、実はかなり早い時期から計画は進められていた。日本鉄道の品川線建設当時から新橋～上野間の鉄道も検討され、品川線開通後、その必要性が改めてクローズアップされた。

さらに「中央駅」構想も持ち上がる。「新橋（汐留）」駅は京浜間鉄道の起点として設けられ、日本の中心とするには能力が不足していた。改装するにも巨額の費用が見込まれ、いっそのこと新たに「中央駅」を新設するのがいいという判断だった。

一方、懸案事項もあった。[新橋（汐留）]駅からは一直線に北上するのが、列車の運行上も都合がよく、建設費も安くすむ。しかし、そこには銀座があった。すでに商業地域として発達していたため、ここに新たに線路を敷くのは困難だった。

結局、当時は烏森と呼ばれていた、当時の[新橋（汐留）]駅の西側を迂回する形で[上野]駅に向かい、その途中に「中央駅」たる[東京]駅を設けることになったのだ。

この計画に従い、山手線の電車運転開始時、[新橋]〜[上野]間連絡線の一部として[浜松町]〜[烏森]間に複線で新線が建設された。同時に[浜松町]〜[品川]間は複々線化され、[烏森]〜[品川]間では、山手線として電車の走る線路と蒸気機関車が走る東海道線が分離されている。

翌年の1910（同43）年6月25日には[烏森]〜[有楽町]間、さらに9月15日には[有楽町]〜[呉服橋《ごふくばし》]間と延伸していく。[呉服橋]駅は[東京]駅が完成するまでの仮駅というものだった。

開業当時の甲武鉄道［万世橋］駅。一帯はにぎやかな繁華街となっていた

［東京］駅の開業と「の」の字運転の開始

１９１４（大正３）年12月20日、ついに［東京］駅が完成する。このとき、日本の鉄道発祥の地となった［新橋］駅は［汐留］駅に改称、［烏森］駅を［新橋］駅と改めた。また、仮駅の［呉服橋］駅は廃止されている。

なお、このとき、現在の京浜東北線に相当する［東京］～［高島町］（現・［桜木町］）駅の近く。現在は廃止）間の電車運転も始まった。これにより、［新橋（汐留）］～［横浜（現・［桜木町］）］間で運転されていた蒸気機関車牽引の旅客列車はすべて廃止されている。

また、同年12月27日には［品川］～［赤羽］間の蒸気旅客列車も廃止された。それまで山手線では、電車が走るようになっても並行して蒸気機関車による旅客列車も運転されていたのだ。

１９１９（同８）年３月１日には、中央線の［東京］～［万世橋《まんせいばし》］間が開通、［東京］駅から［神田］［御茶ノ水］［四ツ谷］を通って［新宿］に向かうルートが完成した。このとき、山手線と中央線を直通運転することになり、電車は［中野］～［新宿］～［四ツ谷］～［東京］～［品川］～［新宿］～［池袋］～［上野］を往復する形で運転されるようになった（12ページ「山手線の変遷④」）。

その線形がひらがなの「の」の字に見えることから、「の」の字運転と呼ばれていた。途中、１９２３（同12）年の関東大震災で一時運転を中断しているが、のちに［神田］～［上野］間が完成し、純粋な環状運転が始まるまで続いた。

いよいよ、ぐるり一周する環状運転開始へ

できあがりを目前にして関東大震災に

１９２３（大正12）年１月、山手線では最後の区間となる［神田］～［上野］間の工事

が始まった。［上野］～［秋葉原］間には日本鉄道が建設した貨物線がすでにあり、それを改築する形で工事が進められた。［東京］駅をはさむ都心部では、線路はレンガ積みの高架橋として建設され、重厚な姿となっていた。

工事は順調に進んだ。ところが、最後の仕上げにかかった同年9月1日、関東大震災が起こった。

被害は甚大で、国鉄だけでも中央線［東京］～［国分寺］間、東海道線［東京］～［御殿場］間、東北線［上野］～［川口］間、総武線［両国橋］（現在の［両国］）～［亀戸］間などが不通となった。山手線関連でも［有楽町］［新橋］［浜松町］［上野］［神田］といった駅が壊滅状態となった。その一方では、1914（同3）年に完成した［東京］駅は、レンガが崩れることもなく、耐震性を含めたその強度が実証された。

山手線では早くも9月4日に運転が再開された。ほかの路線も、驚異的なスピードで復興されていった。火急とされた復興が終わったのち、［神田］～［上野］間の工事は再開された。そして、1925（同14）年11月1日に完成を迎えた。［東京］～［秋葉原］間は複線、そして［秋葉原］～［上野］間は、3線となっていた。

この日から、いよいよ山手線の環状運転が始まったのである（13ページ「山手線の変遷⑤」）。所要時間は一周1時間12分となっていた。現在と十数分しか違わない。

同時に現在の京浜東北線も［上野］駅まで足を延ばすようになり、新しい電車線には山手線と京浜線の電車が行き交うようになった。また、中央線は［東京］駅止まりに改められている。

環状運転となった山手線の利用価値は、著しく向上した。また、東京北部から都心へ向かう交通も便利になり、さらに［東京］駅を経て東北線・高崎線・常磐線と東海道線を直通することも可能になったのである。

客貨分離と京浜東北線との分離

かくして東京の南北を結ぶルートは、［東京］駅経由、［新宿］駅経由と二つできたが、そこには貨物輸送という点でも大きな期待が寄せられていた。

東京では人口集中に伴い、通勤輸送が著しい増加を示す一方、京浜工業地帯を中心とする貨物輸送が急増していた。明治末期、こうした貨物の中継基地は、東海道線に品川操車場、東北・常磐線には田端・大宮両操車場が設けられ、その相互の輸送には［新宿］駅経由の山手線が利用されていたのだ。

しかし、電車による通勤輸送の合間を縫った貨物輸送では限界があった。［東京］駅経由の連絡ルートができたとしても、こちらは旅客列車が中心となる。

そのため、［品川］～［新宿］～［池袋］～［田端］間に2線増設して複々線とし、客貨を分離、さらに［池袋］～［赤羽］間を複線化して線路容量を増やす計画が立てられた。

この工事は１９１６（大正５）年に品川から始まり、１９２２（同11）年に原宿まで完成したところで、第一次世界大戦後の経済不況、１９２３（同12）年9月には関東大震災に見舞われた。

しかし、重要課題ということもあって工事は進められ、１９２４（同13）年中には［原宿］～［巣鴨］間が順次完成。１９２５（同14）年3月28日には［巣鴨］～［田端］間の工事が完成した。

これによって［品川］～［田端］間で客貨分離が行なわれたほか、［代々木］～［新宿］間および［新宿］駅構内北方で山手線と中央線の立体交差が設けられ、よりスムーズな運行が可能になった。

ここでつくられた通称「山手貨物線」は、現在では貨物列車は上下合わせて十数本走るのみ。むしろ湘南新宿ラインや埼京線、あるいは特急「成田エクスプレス」や「スーパービュー踊り子」などが行き交う線路として活用されている。

もっとも、これらは１９７３（昭和48）年に東京の南北を結ぶ貨物列車の走行ルートとして武蔵野線を完成させ、多くの貨物列車をそちらに振り分けたためになしえたものだ。それまでは、かなりの本数の貨物列車がここを走っていた。

また、山手線の各駅では、手荷物や小荷物の扱いも行なっていた。今でいう宅配便のようなサービスである。線内では専用の荷物電車を運転してこの集配を行なっていたが、関東大震災以後、特に山の手地区の居住者が激増、輸送力不足が問題となった。

そのため、山手線の荷物電車を全廃、手小荷物は自動車による代行輸送も行なわれている。これは1923（大正12）年5月26日から［品川］［新宿］［大塚］など「山手線」7駅と、［東京］［上野］［飯田町］［両国橋］といった幹線列車始発駅との相互間で行なわれるようになった。

1914（同3）年、［東京］駅完成とともに「京浜線」として運転を開始した現在の京浜東北線は、その後、［上野］さらに［大宮］まで運転区間を延ばしていった。しかし、［田町］～［田端］間では、戦後も山手線と線路を共用する形で運転され続けており、戦後の復興に伴って生じた急激な輸送需要に対処しきれなくなってきた。

そこで両者の線路を分離することになり、1949（昭和24）年12月に着工した。このうち、［田町］～［東京］間は横須賀線として線路を増設する工事が戦時中に行なわれていたため、路盤《ろばん》・橋梁《きょうりょう》などをそのまま転用し、［東京］～［田端］間が新規工事となった。

まず、1954（同29）年4月15日に［上野］～［有楽町］間が完成した。これによって線路の容量に余力ができたこともあり、常磐線の電車を［有楽町］駅まで乗り入れさせることも行なわれている。

そして1956（同31）年11月19日には、全区間の工事が完成し、山手線と京浜東北線が分離された。ちなみに「京浜東北線」の名称は、このときに命名されている。

この分離によって両線の輸送力は大幅にアップした。最小運転間隔も、それまでの3分30秒から2分40秒に短縮されたのである。

第3章

山手線29＋1駅物語

JY
25

品川《しながわ》

ゴジラが日本に初上陸したプレート(?)が残る、山手線最古の駅

１日の平均乗車人員は37万人以上の山手線の起点

２００３（平成15）年10月１日に東海道新幹線の駅が開業したころから、周辺の再開発も進み、２００８（同20）年３月から東海道新幹線の全列車が停車するようになって利用者が急増している「品川」駅。東京南部の玄関口といっても過言ではないだろう。

そんな「品川」駅は、山手線の起点駅でもある。山手線の路線上の起点と終点は、運行上の始発・終着とは異なるのは前述のとおり。運行上の始発は「大崎」「池袋」「田町」の各駅で、終着は「大崎」「池袋」「品川」の各駅となっている。

「品川」駅には、山手線以外に東海道本線、東海道新幹線、京浜東北線、横須賀線、そして私鉄である京急本線が乗り入れている。１日の平均乗車人員はＪＲ東日本だけでも37万１７８７人（２０１６年度、以下同）で、ＪＲ東日本の駅のなかで５番目に位置するほどのにぎわいだ。

まさに一大ターミナルとなった「品川」駅だが、開業は1872（明治5）年。「品川ステーション」という名称で開業し、1885（同18）年3月から山手線の前身である日本鉄道の品川線が乗り入れを開始した。現在のように橋上駅《きょうじょうえき》となったのは、1998（平成10）年11月のことである。橋上駅とは、駅舎が線路をまたぐように建設されている駅のことをいう。

同駅のホームは、1本のホームの両側に線路が敷かれている島式《しましき》という構造で、JR在来線のホームは8面15線、そのうち山手線は1番線の内回りと2番線の外回りとなっている。そのほか、新幹線の島式ホームが2面4線、高輪《たかなわ》寄りには京急の高架2面3線構造のホームがある。

2階にJR在来線の改札が2カ所（中央改札・北改札）、新幹線のりば2カ所（南口改札と北口改札）、JR在来線と新幹線の乗り換えができる中間改札が2カ所ある。また、京急の改札は1カ所あるほか、JR在来線と京急の連絡口が1カ所ある。

駅ナカ施設としては改札内に店舗街の「エキュート品川」「エキュート品川サウス」があり、改札を出なくてもレストランで飲食したり、弁当や菓子、本、衣料品などを買ったりすることができる。

出口は2カ所で、西側に高輪口（西口）、東側に港南口（東口）がある。高輪口を出ると周辺には高級感ただよう大規模なシティホテルが建ち並び、もう一方の港南口側にも大きな駅ビルや高層ビルが建ち並ぶが、こちらはオフィス街だ。

ゴジラが日本上陸の第一歩を踏み出した地

68ページで紹介した通り、［品川駅］は日本一古い駅の一つである。そのことにちなんでのことかどうか、［品川］駅の山手線1番線の中ほどに「鉄道発祥の地」と記されたプレートがあり、「Since 1885」と書いている。これは、現在の山手線の前身となった日本鉄道品川線（［品川］〜［赤羽］間）が開通した年を示したものだ。

実は、このプレートは山手線の起点、つまり「0キロポスト」を示すものであるらしい。キロ（マイル）ポストとは、距離標ともいい、文字通り鉄道の起点から距離を示す標識のことである。

そして、このプレートには、なぜか恐竜が描かれている。映画「ゴジラ」（第1作目・1954〈昭和29〉年公開）で東京湾に現れたゴジラが日本上陸の記念すべき（?）第一歩を踏み出したのが［品川］駅付近であったからという理由で描かれたのだそうだ。版権の都合で、リアルなゴジラではなく、恐竜をモチーフとした絵となっているのはご愛嬌だ。

［品川］駅1番線のなかほどにある「鉄道発祥の地」のプレート。ゴジラならぬ恐竜の絵が愛嬌だ

さらに、同駅には「0キロポスト」をアピールするものが、もう一つある。中央改札内のコンコースに設置されている東海道線の車両をモチーフにした郵便ポストだ。ポストのそばには山手線と品鶴《ひんかく》線（［品川］～［鶴見］間の貨物線）の「0キロポスト」も立っている。

旧国鉄時代に荷物・郵便車「クモユニ」が活躍していたことから、郵便ポストと0キロポストの「ポスト」つながりで、2005（平成17）年に同駅のリニューアルを記念して設置された。

ゴジラ上陸のエピソードを持ち込んだり、「ポスト」のダジャレを使ったり、［品川］駅はユーモアにあふれた楽しい駅づくりをしているようだ。

「0キロポスト」にかけた「郵便ポスト」。ユーモアいっぱいの駅である

品川区にない［品川］駅

［品川］駅の所在地は品川区ではない。港区である。この「港区の［品川］駅」という摩訶不思議な現象には、理由がある。

1869（明治2）年、明治新政府は日本初の鉄道建設を決定する。しかし、当時の日本には鉄道をつくるノウハウはまったくなかった。そのため、イギリスからエドモンド・モレルらの鉄道技術団を招いた。最初の路線計画として東京〜横浜間の開業を目指すことが決まり、用地の確保と建設工事がスタートした。

この区間の駅として、［品川］駅も開設することになった。しかし思いもよらぬ地元住民による鉄道建設反対運動が起こり、また用地買収も難航したのである。

品川は江戸時代から栄えた東海道五十三次の第一の宿場である。鉄道を見たこともなければ利用したこともない当時の人々には、その利便性などわかるはずもない。鉄道が開通するとなると、車引きや旅籠《はたご》などが仕事を失い、町が廃《すた》れてしまうと恐れたわけである。

さらに当時の品川周辺には陸軍や海軍の施設があり、軍の関係者は鉄道建設よりも軍事力を優先すべきとして建設に反対。測量することすら許さなかったという。

「陸がダメなら、海に鉄道をつくろう」。この大胆なアイデアを出したのが、政治家・大隈重信《おおくましげのぶ》。海上に土手を築き、その内側を埋め立てて鉄道を通すというのである。

こうして、「新橋」～「品川」間の一部を海上走行とし、宿場町の品川から離れた埋め立て地に「品川」駅が開設されることになった。

窓より近く品川の　台場も見えて波白く
海のあなたにうすがすむ　山は上総か房州か

「鉄道唱歌」の3番に歌われた当時の「品川」駅は、現在よりも南側約300メートルの位置につくられ、駅の南側には波が打ち寄せていた。現在の場所に移動したのは1902

（同35）年のことである。

京急本線には［北品川］駅という駅があるが、実際には［品川］駅の南にある。しかし、これはJR［品川］駅を基準にしたのではなく、「宿場町の品川よりは北にある」ことから、その名がついたものだ。

所在地と異なる名をつけた駅はほかにもある。たとえば、山手線［品川］駅から三つ目にある［目黒］駅の所在は品川区である。駅名ではないが、品川税務署は品川区ではなく港区高輪にある。

column

山手線各駅のヒミツ

「鉄道の父」といわれる井上勝が眠る墓

品川区北品川の東海道本線と山手線の交差する三角地帯となるところに、東海寺《とうかいじ》の墓地があり、初代鉄道局長・井上勝《いのうえまさる》の墓がある。１９６４（昭和39）年、鉄道記念物に指定された。

井上勝は［新橋］～［横浜］間をはじめ、東北本線、中央本線など、全国の鉄道事業に尽力した人物。そのため、「鉄道の父」といわれる。

井上は生前、「死んだあとも、自分の霊はこの地にあって鉄道を守る」と口癖のように言っていたことから、そこに墓が建てられたという。また、一説には、墓がある一帯はもともと井上勝の屋敷であって、鉄道建設反対運動が広がるなか、自らが敷地を提供して屋敷内に鉄道を通してみせたともいわれている。

なお、東海寺は、１６３９（寛永16）年に徳川家光が沢庵《たくあん》和尚（沢庵宗彭《そうほう》）を招いて創建した寺であり、井上勝が眠る同じ墓地に沢庵和尚の墓もある。

JY 24

大崎《おおさき》

運転士が交替する、山手線の運行管理する分界駅

列車番号の変更も［大崎］駅で

1872（明治5）年、［新橋］～［横浜］間に日本初の鉄道が正式開通したあと、日本の鉄道は急速に発展していく。

1894（同27）年に日清戦争が起こり、新宿方面からの武器や兵士を輸送する軍用列

車が［品川］駅に乗り入れるようになる。東海道本線と行き来する場合、当時の［品川］駅は列車がスイッチバックする（進行方向を入れ替える）必要があり不便きわまりなかった。その不便さを解消するために、大崎から大井までの間に連絡線が敷設された。

その分岐点に開設されたのが［大崎］駅である。１９０１（同34）年、日本鉄道品川線の駅として開業する。

その後、日本鉄道が国有化され、１９０９（同42）年に［品川］～［赤羽］間、［池袋］～［田端］間、［大崎］～［大井連絡所］間を「山手線」と呼ぶことに決定。同駅は山手線の所属の駅となった。

［大崎］駅は山手線の最南端に位置する。駅の南東には山手線車両の車庫となる東京総合車両センターがあり、ここで保守整備が行なわれている。その関係で同駅を始発や終着とする車両が多数ある。

また、山手線の運行管理をする分界駅となっているため、ここで列車番号の変更が行なわれる。運転士（車掌は［品川］駅）の交替は同駅と［池袋］駅で行なわれる。［大崎］駅１番線ホームの隣には運転士交替用のホームが設置されている。

橋上駅で、ホームは地上にあって島式（ホームの両側に線路があるタイプ）４面８線。山手線は１～４番線を使用している。

近年、JR東日本の湘南新宿ラインや埼京線のほか、東京臨海高速鉄道（TWR）りんかい線が乗り入れ、また駅周辺の再開発も急速に進められて、副都心のターミナル駅へと生まれ変わった。1日の平均乗車人員は16万820人と、2007（平成19）年度より約4万4000人も増えている。JR東日本の駅のなかでは16位で、2007年度より10位も順位を上げた。山手線内では11位を誇る。

同駅はJR東日本の管轄下にあるものの、ホームと改札口はJR東日本とりんかい線の共用となっている。改札は、品川寄りの南改札口と五反田寄りの北改札口の2カ所、出口は新東口、新西口、東口、西口の4カ所がある。改札内にさまざまな店舗が並ぶ「ディラ大崎」がある。

駅を出ると「大崎ニューシティ」「ゲートシティ大崎」「シンクパーク」などの複合施設が近年次々と完成し、これらと駅はペデストリアンデッキ（歩道橋）で直接つながっている。

近接工場との貨物輸送専用線があった［大崎］駅

大崎という地名は、かつて一帯に東京湾が入り込んでいて大きな岬（崎）として突き出ていたことに由来するという。江戸時代には目黒川周辺に水田が広がり、高台の御殿山《ごてんやま》には大名の屋敷が建っていた。

ちなみに御殿山は、徳川家康が建立した御殿があったことから、その名で呼ばれるようになったという説がある。

明治時代に入って工業が盛んになり、目黒川の沿岸には工業用水の豊富さや水運の便もよいところから工場が建ち始め、大崎一帯は工業地帯として発展していく。とくにソニーや明電舎などの電気機器の工場が多数立地し、1970（昭和45）年ごろまで貨物輸送の側線があったくらいである。

そのため、「大崎」駅を利用するのは工場勤めの人々が多く、東京の真ん中にある駅としては地味で殺風景なものだった。

ところが、1982（同57）年に東京都が大崎・五反田地域を副都心の一つに策定したことにより、駅周辺には高層ビルが出現して大きく変わり始めたのだ。とにかく、昔の山手線の「大崎」駅を知る人には信じられないほどの変貌を遂げている。

JY
23

五反田《ごたんだ》

東急池上線を通せん坊したような線路配置

山手線のなかでは後発の駅

「五反田」駅ができたのは、1885（明治18）年に山手線の前身である日本鉄道の品川線（「品川」～「赤羽」間）が開業してから26年も経った、1911（同44）年のこと。品川線開業と同じ年に「目黒」駅が開業し、その16年後の1901（同34）年に「大崎」駅も開業していた。

このころ日本鉄道はすでに国有化され、1909（同42）年には山手線の電化も始まって「陸蒸気《おかじょうき》」の時代から「電車」の時代へと移り変わろうとしていた。とはいっても、山手線はまだまだ現在のような環状運転ではない。

電車運転が始まると輸送量は増し、山手線沿線の人口も増加してきて市街地化も進みつつあった。「大崎」駅周辺も例外でなく、前述のとおり工場地帯として発展することによって近隣には商店が増えていき、次第に街ができ始めていた。その地域が「五反田」と呼ばれていたことから、新たにつくられた駅は「五反田」駅と名づけられたのである。

この五反田という地名は、その昔、目黒川の谷周辺に水田が5反（1反＝約991・74平方メートル）あったことに由来するといわれている。

1928（昭和3）年に池上《いけがみ》電気鉄道（現・東京急行電鉄）池上線の駅が開業、その40年後の1968（同43）年には都営1号線（現・都営地下鉄浅草線）の駅が開業した。駅舎はそれぞれに分かれているが、駅名は同じである。

「五反田」駅は高架駅で、島式ホーム1面2線が使われている。駅周辺はビジネス街や繁華街となっているほか、立正大学と清泉女子大学があるため、学生の姿も多く見られる。

1日の平均乗車人員は13万6045人。JR東日本の駅のなかで25位、山手線の駅では15位。

2008（平成20）年、同駅西側に複合商業施設の「アトレヴィ五反田」が開業、「東急五反田ビル」も全面改装されて「レミィ五反田」としてリニューアルオープンした。また駅前だけではなく、大崎・五反田地域は東京都が策定した「大崎副都心」として再開発が進められてきた。今後もますます大きく変貌していくだろう。

交通的にも盛んな五反田の地

［五反田］駅は東急池上線（［五反田］〜［蒲田］間）と都営地下鉄浅草線（［西馬込］〜［押上］間）の接続駅である。山手線の駅のなかでは後発であるものの、乗降客が多いほうに分類される。

［五反田］駅から隣の東急池上線［大崎広小路］駅までは約３００メートルと非常に近い。どうしてこれほど短い距離になったのかというと、当初、東急池上線を［大崎広小路］駅から高輪方面に延長する計画があり、山手線高架の上でクロスオーバーさせようとしていた。しかし、その計画が頓挫したため、東急池上線は山手線に通せん坊されるような路線配置となり、現在のように［五反田］駅止まりとなってしまったのである。

［五反田］駅は、山手線ホーム下を横切るように桜田通り（国道1号）が走っている。駅の西側には、この通りを中心にオフィス街が中原街道との分岐点まで続いている。

中原街道は中世以前からある古道で、江戸（現在の港区虎ノ門）と中原（現在の神奈川県平塚市）を結ぶ街道だ。徳川家康が江戸に入るときに利用したと伝えられている。東海道が整備されると脇道になったものの、物流の道として平塚から東京へ食用酢を、東京から川崎方面には肥やしが運ばれたため、「お酢街道」「肥やし街道」とも呼ばれていた。

ホームの真下を走る桜田通り（国道1号）

駅の東側は江戸時代から続く高級住宅地

一方、駅の東側には繁華街の奥手に島津山、池田山という一連の台地があり、山の手を代表する高級住宅地として知られている。

島津山は、明治時代に旧鹿児島藩主の島津公爵の邸宅があったところで、のちに清泉女子大学がこの地を購入し、公爵邸の建物を大学本館として残している。

池田山は江戸時代に岡山藩主池田家の下屋敷があったところで、明治維新後も池田公爵邸として使われていた。その敷地の大部分が大正末期から住宅地として分譲された。

今上天皇がご成婚のとき、皇后・美智子さまの生家の正田家が池田山にあったことから、一躍有名になった地でもある。初めての民間出身の皇太子妃の誕生であったため、世紀の大ニュースとして取り上げられた。

現在、正田家の邸宅は老朽化のため壊され、その跡地は、品川区立の公園「ねむの木の庭」となっている。

JY
22

目黒《めぐろ》

住民の反対で目黒区ではなく、品川区に建設

「鉄道は他国の悪疫を運ぶ」と駅追い上げ事件が勃発

［目黒］駅の歴史は古い。

１８８５（明治18）年3月1日に日本鉄道品川線（［品川］～［赤羽］間）が開業し、その半月後の16日に［目黒］駅と［目白］駅が、白黒仲よく開業した。［大崎］駅と［五反田］駅ができるまでは、［品川］駅の隣は［目黒］駅だったのである。

同駅の建設には、俗に「目黒駅追い上げ事件」と呼ばれる有名な話がある。当初、山手線は目黒川沿いの低地に敷設する計画だったが、これに対して目黒の地元住民が反対運動を起こす。その理由は、鉄道のばい煙で田畑が荒らされる、鉄道の振動で稲の実りが悪くなる、鉄道は他国の悪疫を運ぶ、などである。

やむをえず、当初の計画は変更となり、駅は田畑もなければ人気もないような権之助坂《ごんのすけざか》の上に追い上げられたという。

この話にあるように最初の計画通りに「目黒」駅が開設されていたなら、目黒区内にあったのだが、同駅の所在は品川区上大崎である。

なお、権之助坂は江戸時代のなかごろ、中目黒村にいた菅沼権之助という名主のエピソードに由来する。年貢米に苦しむ村人のために、権之助がその取り立てをゆるめてくれるように訴え出るが、それがかえって罪に問われてしまう。村人たちの懇願もむなしく、彼は処刑されることになる。刑場に向かう途中で「何か思い残すことはないか」と聞かれ、「自分の住んだ土地と家をひと目見たい」と答え、この坂の上から村を見たという。権之助が最期に振り返った坂であることから、のちに村人たちがその名で呼ぶようになったといわれている。

さて、地元住民の反対運動によって坂の上に追い上げられてしまった「目黒」駅は、開業後しばらくは他の山手線の駅とは違って駅周辺の近代化が遅れてしまう。

１９２３（大正12）年３月、現在の東京急行電鉄の母体となった目黒蒲田電鉄が「目黒」～「丸子」（現・「沼部」）間を開通させ、ようやく駅周辺が拓けてくる。その後、東京市電（のちの都電）が銀座まで走り、目黒の街並みを大きく変えていった。

目黒競馬場によって、「権之助坂」は別名「おけら坂」に

現在の［目黒］駅は、島式ホーム1面2線を有する橋上駅。地下には東急目黒線と東京メトロ南北線、都営地下鉄三田線が乗り入れ、地下4階にある島式構造の1面2線のホームを3路線が共用している珍しい駅である。

同駅の1日平均乗車人員は、11万219人。JR東日本の駅のなかで32位、山手線内で17位。

改札は1階の中央改札口と地下3階にある東急連絡改札口の2カ所である。

二つの駅ビルがあり、「JR目黒駅ビル」を「アトレ1（旧サン・メグロ、ヒルトップガーデン目黒）」、「JR東急目黒ビル」を「アトレ2」といい、それぞれに複数の店舗が入っている。

駅を出ると、山手線を東西に横切る目黒通りがある。目黒通りを東に行くと東京都庭園美術館や国立科学博物館附属自然教育園、各国の大使館などがある。

駅西側の目黒通りのなだらかな坂が、前述の権之助坂で、駅から大鳥神社までのおよそ1キロにわたって多くの店舗が並ぶ。

目黒通りをさらに西に行ったところに、元競馬場前というバス停がある。かつてこの一

帯に目黒競馬場（旧・東京競馬場）があったのだ。毎年、春に東京競馬場で行なわれている「目黒記念」というレースは、１９３３（昭和８）年に廃止された同競馬場を記念して創設されたものである。

当時の競馬ファンの熱も相当なものだったようで、権之助坂には一獲千金を夢見る人々の長い列ができたという。馬券で財布がスッカラカンになって帰る人も多かったのだろう。人々の間では、別名「おけら坂」と呼ばれていたようだ。

JY 21 恵比寿《えびす》

発車メロディーに恵比寿駅の歴史が示されている

もともとはビール工場専用の荷物扱い駅

「恵比寿」駅に降り立つと、ホームのあちらこちらに恵比寿さまが鯛を持った「ＹＥＢＩＳＵ」の看板がずらっと並び、発車合図メロディーにはヱビスビールのＣＭソングになっている映画「第三の男」のテーマ曲が流れてくる。

これは、同駅とヱビスビールは切っても切れない関係にあるからだ。

１８９０（明治23）年、サッポロビールの前身である日本麦酒醸造会社がヱビスビール（恵比寿麦酒）を発売し、そのビール工場専用の出荷駅として、１９０１（同34）年に［恵比寿］駅（当初はゑびす停車場）が開業。ビールの商品名が駅名となり、のちには工場周辺の地名までもが恵比寿となった。

貨物駅としてスタートした同駅だが、１９０６（同39）年10月30日には旅客も扱う駅として再開業した。

現在の同駅東側にある「恵比寿ガーデンプレイス」という複合施設一帯が、サッポロビールの恵比寿工場跡地である。ビール工場は千葉県船橋市に移転したが、恵比寿ガーデンプレイス内にサッポロビールの本社がある。また、ヱビスビール記念館もあり、ヱビスビールの歴史とともに駅や街の歴史も知ることができる。

ちなみに、恵比寿さまは商売繁盛・福の神。「恵比須」と表記されることが多いが、同駅は「恵比寿」と書く。「恵比須」と書くと、兵庫県三木市の神戸電鉄粟生《あお》線にある駅になってしまう。

ビルに覆われた高架駅

［恵比寿］駅には、山手線以外にＪＲ東日本の埼京線と湘南新宿ラインが乗り入れている。ホームは島式２面４線構造で、１・２番線に山手線が発着する。ホームが並行しているので、山手線と各線の乗り換えはわかりやすく楽に移動できる。

高架駅だが、ホームが駅ビルの「アトレ恵比寿」にすっぽりと覆われてしまっている。改札口は東口と西口の２カ所、出口は5カ所ある。駅西口には、同駅のシンボルである銅像「ゑびす像」が鎮座している。

１日平均の乗車人員は14万３８９８人で、ＪＲ東日本エリア内で21番目、山手線の駅では14番目に多い。

また、地下鉄の日比谷線が接続していて、駅西側の地下２階にホームがある。

JY
20

渋谷《しぶや》

現在は流行発信地となるも、開設当初は寂しい村の田畑のなか

農民たちの激しい鉄道建設反対運動

「渋谷」駅は、１８８５（明治18）年に山手線の前身である日本鉄道品川線（「品川」～「赤羽」間）が開通するときに設置された駅の一つである。

村のなかに鉄道が通って駅が設置される計画に、農民たちは先祖伝来の田畑を取り上げられまいと激しく抵抗し、建設工事が始まってもなお、人糞をまき散らし、測量の杭を引き抜くなど、反対は続いたという。

こうした反対運動のため、駅の位置は原案よりもさらに寂しい村の田畑のなかに移動することになり、現在よりも３００メートル南寄りの旧貨物駅付近につくられた。

明治時代の同駅の様子は、次のようなものだった。

「駅舎は東向き平家の瓦葺で前方がなだらかに低くなっていた。山口屋という客待茶屋旅館があって。草葺《くさぶき》二階建、階下の広い土間には縁台がいくつか置いてある。汽車に乗る村

人は発車の一時間も前から此処《ここ》に来て休み、茶をすすり、煙草を吸い、店の者と雑談し、知合いの相客らと今年の村の収穫を語り、村の誰れ彼れの行状や噂さ話に花を咲かせる。汽車が隣りの駅（新宿または目黒）を発車する五分前に合図があって、小倉服の駅員がチリン、チリンと振鈴を鳴らす、これが乗車券を売出す知らせである」（『郷土渋谷の百年百話』加藤一郎編著／渋谷郷土研究会刊）

発車時刻の1時間も前から待つなど、約3分間隔で走る山手線しか知らない、忙しい現代人には考えられないことだろう。開通当初から時刻表はあったが、時計という文明の利器がまだまだ庶民には普及していなかったため、早くから駅に入って汽車が来るのを待っていたのだ。国内で腕時計がつくられるようになったのは、大正時代後期になってからである。

引用文にある駅員が着ていた小倉服とは、小倉で生産された綿織物を用いたもので、旧陸軍も着用していた服のことである。

同駅が現在の場所に移ったのは大正に入ってからで、1923（大正12）年の関東大震災を期に人々は郊外へと移動し始める。さらに昭和に入ると、東京横浜電鉄（現・東急東横線）や帝都電鉄渋谷線（現・京王井の頭線）が次々と開通し、大きなターミナル駅へと進化していく。

工事中の［渋谷］駅。山手線ホームから埼京線・湘南新宿ラインホーム（写真右奥）を望む。埼京線・湘南新宿ラインホームは、工事完成後は山手線ホームに並ぶ

大規模な改良工事が進行中

現在、［渋谷］駅は、ＪＲの路線のほか、東急東横線・同田園都市線、東京メトロ銀座線・同半蔵門線・同副都心線、そして京王井の頭線が結節する巨大ターミナルとなっている。ここでは1日300万人以上が乗り降りしており、新宿駅に次いで世界でも2番目に利用者の多い駅だ。さらに東西の駅前広場には都内最大級のバスターミナルが設置され、駅周辺には商業地やビジネス拠点も広がり、東京を代表する街の一つになっている。なお、ＪＲ［渋谷］駅の1日平均乗車人員は、37万1336人。ＪＲ東日本管内では6番目、山手線内では5番目である。

再開発事業の進む［渋谷］駅西口前

長い年月をかけて増設進化してきた［渋谷］駅だったが、近年では、駅施設は複雑化し、乗り換えなどの利便性は低い。また、駅周辺においても歩行者空間が需要に追い付けず、動線も錯綜するなど、多くの課題を抱える状態になっている。

そのため、これらの課題を解決すべく、2005（平成17）年に都市再生緊急整備地域の指定を受け、2010（同22）年に「東京都市計画事業　渋谷駅街区土地区画整理事業」が始まった。これは東急東横線の地下化、東京メトロ副都心線との相互直通運転を契機として、渋谷駅周辺の交通結節点としての機能の強化を図るものだ。具体的には［渋谷］駅の機能更新と再編、駅ビルや周辺街区の再編を行なうものだ。

2013(平成25)年に東急東横線[渋谷]駅の地下化、東京メトロ副都心線との相互直通運転が実現した。しかし、これにより不便さがかえって増した、と感じる人が多いという報道もある。乗り換えのための移動が複雑になり、かえって時間がかかるようになったためだ。

JR東日本もこの事業に連携し、現在、[渋谷]駅の南側に遠く離れている埼京線ホームを山手線と並列の位置に約350メートル移設することで乗り換えの利便性をはかる。また、これに合わせて山手線は最大幅16メートルという島式ホーム(1面2線)に改築のうえ、混雑緩和を図る計画だ。さらに駅コンコースの拡大、バリアフリー設備の充実化、東西自由通路の整備も合わせて行なわれる。すでに2014(同26)年4月から工事に着手しており、2020年春には埼京線ホームが山手線ホームと並ぶ予定だ。

なお、西口交通広場の整備は2026年までかかると見込まれており、全体の竣工まで十数年という長期事業になっている。

[渋谷]駅や周辺の不便さの全面的な解消は、こうしたさまざまな事業が完成するまで待つ必要がありそうだ。

column

山手線各駅のヒミツ

渋谷名物の忠犬ハチ公像

映画にもなった有名な忠犬ハチ公の舞台が［渋谷］駅で、ハチ公口という改札口がある。ひと昔前から［渋谷］駅で待ち合わせるなら、ハチ公の銅像前と決まっていた。ただ、ハチ公像のまわりはあまりに人が多すぎてなかなか出会えないこともあり、南口のモヤイ像前を待ち合わせ場所に利用する人も多い。

現在のハチ公像は2代目で、１９４８（昭和23）年に再建されたもの。初代の像はハチ公が死亡する前の１９３４（同９）年に建てられたが、大戦中の金属資源として回収されてつぶされた。なお、初代ハチ公像の除幕式にはハチ公本人（犬）も出席したという。

ハチ公が亡くなった飼い主を駅前で待ち続けていることが話題になったのは、昭和初期のことである。同駅に通い続けて7年も過ぎたころに新聞記事に取り上げられ、一躍渋谷の名物となった。

初代銅像が建った翌年、同駅の路地裏でハチ公は13歳の生涯を閉じた。新聞にはハチ公の死亡通知が写真つきで掲載されたという。

JY
19

原宿《はらじゅく》

90年以上の歴史を持つ、都内最古の英国調木造駅舎

原宿といえば、おしゃれな「ファッションの街」である。〔渋谷〕駅から〔原宿〕駅の線路沿いには、人気タレントやモデルを使ったファッショナブルでハイセンスな看板がいくつも並び、ほかの山手線駅とはどことなく雰囲気が違う。この街に来れば、トレンドがわかるような気がする。

最初は農作物の運搬駅だった？

この〔原宿〕駅、開業したのは１９０６（明治39）年で隣の〔代々木〕駅とほぼ同じころだが、当初は米や野菜などの農作物を運搬する貨物駅としての役割のほうが主で、旅客は少なかったようだ。

当初は、現在より少し〔代々木〕駅寄りのところに開設された。しかし、１９２０（大正９）年に明治天皇とその皇后を祭神とする明治神宮ができて乗降客が急増したため、その参道に近い現在の場所に移った。

駅の規模が小さい割には乗降客が多く、特に若い人々や外国人が行き交い、しばしば修学旅行中と思われる制服姿の集団も見受けられる。1日の平均乗車人員は7万6804人。JR東日本の駅では59番目、山手線の駅では21番目である。

なお、同駅の表参道口を出ると、地下鉄千代田線と副都心線の［明治神宮前〈原宿〉］駅の入口がある。

毎年、年末年始には、300万人を超える明治神宮の参拝者で、駅もホームもごった返す。初詣の参拝者数は、例年日本一だ。

西側に神宮の杜、東側に表参道ヒルズ

［原宿］駅の西側一帯には明治神宮と代々木公園が広がっている。参宮橋と並んで五輪橋が架かり、その奥手には曲線を描いてせり上がったような屋根の国立代々木競技場がある。この競技場は1964（昭和39）年の東京五輪の競技会場となったところで、設計は世界的にも有名な建築家・丹下健三《たんげけんぞう》氏が手がけた。現在でも日本を代表する近代的建造物の一つにあげられている。

駅の東側には表参道をケヤキ並木が続き、2006（平成18）年には同潤会《どうじゅんかい》青山アパー

トの跡地に、これまた世界に名を轟かせる安藤忠雄《あんどうただお》氏が設計した「表参道ヒルズ」という商業施設がオープンし、表参道のランドマーク的な存在となっている。

一方、同駅竹下口の狭い出口を抜け出ると、その前に竹下通りと呼ばれる商店街がある。派手なブティックや雑貨店がいくつも並び、通りはいつも若者でいっぱいだ。

竹下通りを突き抜けて明治通りを越えると、裏原宿と呼ばれる地域に出る。路地裏に小さなショップが集まり、若い世代に人気のディープなゾーンとなっている。

混雑緩和を目指して続けられている改良工事

ＪＲ東日本は２０２０年の東京オリンピックに向けて、２０１６（平成28）年から、利用者数が多く見込まれる競技場周辺駅の改良工事に取りかかっているが、［原宿］駅も国立代々木競技場に近いということでその対象となった。

ＪＲ東日本から発表された工事概要によると、［原宿］駅では、

・現在、年始のみ使用している臨時ホームを外回り専用ホームにする。
・線路及びホーム上に2層の駅舎を新設し、コンコース、改札口、トイレを拡張して混雑緩和を図るほか、エレベーターを増設する。

臨時ホーム（上）には緑がいっぱいだったが、2017年現在は工事中（下）。

工事中の［原宿］駅臨時ホーム。初詣の時期のみ利用されていたが、完成後は外回り専用ホームとなる

・明治神宮側に新たに出入口を設置する。
・今回新設する外回り専用ホームは、通路で竹下口改札にも接続する。とされている。

ふだんの「原宿」駅は島式ホーム１面２線に外回りと内回りの山手線が発着しているが、実はさらに外回り線に面して明治神宮側に「臨時ホーム」が設けられている。これは明治神宮初詣などで利用者が増えるときの対応として１９４０（昭和15）年の初詣に向けて増設されたものだ。

現在では大晦日から元旦にかけ、外回り線は臨時ホームで乗降を行なっている。島式ホームは内回り線専用となる。この姿を常態とすることで「原宿」駅の混雑緩和をはかるアイデアだ。

今の駅舎は消滅してしまうのか？

この計画が発表されたところで地元の町会や商店街などから「現在使用されている駅舎がどうなるのか？」と疑問も出された。現在の「原宿」駅舎は、１９２４（大正13）年に竣工した同駅二代目となるものだが、柱と白壁を優雅にあしらったハーフティンバー様式の洋風建築は、今や［原宿］駅のみならず周辺のシンボルあるいは観光にも寄与している。学者からは都内最古の木造駅舎とも評価され、文化遺産としての価値も認められているものだ。

しかし、ＪＲ東日本の示した完成予想図では新駅舎に建て替えられ、旧駅舎の姿は記されていない。

一部の計画を見直し、現状に保全あるいは移転して保存するといった提案も出されているが、２０１７（平成29）年10月現在、結論は出ていないようだ。

混雑緩和の動線確保は重要だが、その一方で表参道や明治神宮の緑に囲まれた駅舎は、この街の魅力の一つだ。［原宿］駅を利用する際のほっとする温かさも貴重だ。完了予定は２０２１年８月31日である。既にホーム部分などの改築工事が着手されており、今後の動向に目が離せない。

JY 18

代々木《よよぎ》

ホームにある段差で、スムーズな乗り換えを可能に

予備校や専門学校が林立する街

「代々木」駅というと、予備校とアニメーション専門学校の街という印象が強い。確かに駅を降りると目の前にある予備校を筆頭に、専門学校などが多数所在し、勉学に励む若者が数多く乗り降りしている。

1日当たりの平均乗車人員は6万9667人。JR東日本管内では65番目、山手線内では22番目である。所属路線は、山手線と中央・総武線である。

「代々木」駅は近年まで、山手線のなかでも数少ない私鉄接続のない駅だった。しかし、2000（平成12）年の都営地下鉄大江戸線の開通に伴い、ようやく地下鉄との乗り換え駅へと仲間入りを果たした。

出口は、東口、西口、北口の三つ。北口は大江戸線開通の際に開設された。東口はとても小さくて狭いが、タカシマヤタイムズスクエアや新宿御苑などへと続いている。

［代々木］駅2・3番線ホームの新宿寄りにある段差。前方が新宿方向

［代々木］駅のホームは1～4番線まである。ホームの両側が線路に接する島式ホームの2・3番線を、1・4番線でサンドイッチした3面4線構造になっている。

［代々木］駅が少々面白いのは、2・3番線の新宿寄りに段差があり、「足もとにご注意」という看板とともに柵が設置されていることだ。わずか10～20センチ程度の段差である。なんとかならなかったものかと思うが、実はこの段差が便利な路線乗り換えのカギになっている。

山手線は1924（大正13）年に複々線化され、続いて1929（昭和4）年に中央線も複々線化される。これによって、新宿側に両線の立体交差が出現した。しかし、交差する地点が駅に極めて近かったため、ホームの端から勾配《こうばい》にならざるを得なかった。車両の編成が増えるにしたがい、ホームも延長されたのだが、その際に2・3番線の島式ホームに、段差が生じてしまったというわけだ。

なお、［新宿］～［代々木］間は、わずか0・7キロと山手線のなかでも駅間が短い区間の一つである。

では、なぜこの交差は必要だったのだろうか。それは、目的地に向かって乗り換えをする乗客の利便性を図ったためだ。［代々木］駅の、2・3番線島式ホームは、新宿に向かって左側を山手線内回り（渋谷方面行き）、右側を中央・総武線下り（中野方面行き）が走っている。ところが、［新宿］駅に至る前に中央・総武線列車は山手線の線路をまたぎ越し、［新宿］駅の15・16番線の島式ホームでは、［代々木］駅を背にして、左側を中央・総武線下り、右側を山手線外回りが走る形となっている。

つまり、［代々木］駅では、中央・総武線下り列車から、山手線内回りへの乗り換えが同一ホームでできる。さらに［新宿］駅では中央・総武線下り列車と山手線外回り、中央・総武線上り（東京・御茶ノ水方面行き）と山手線内回り（渋谷方面行き）が同一ホームで乗り換えることができる。いずれかの駅で利用客の多いこの2線の同一ホーム相互乗り換えが可能になっている。

［代々木］駅にある不思議な段差は、乗客のスムーズな乗り換えを支えているのだ。

代々木〜新宿間の線路の交差

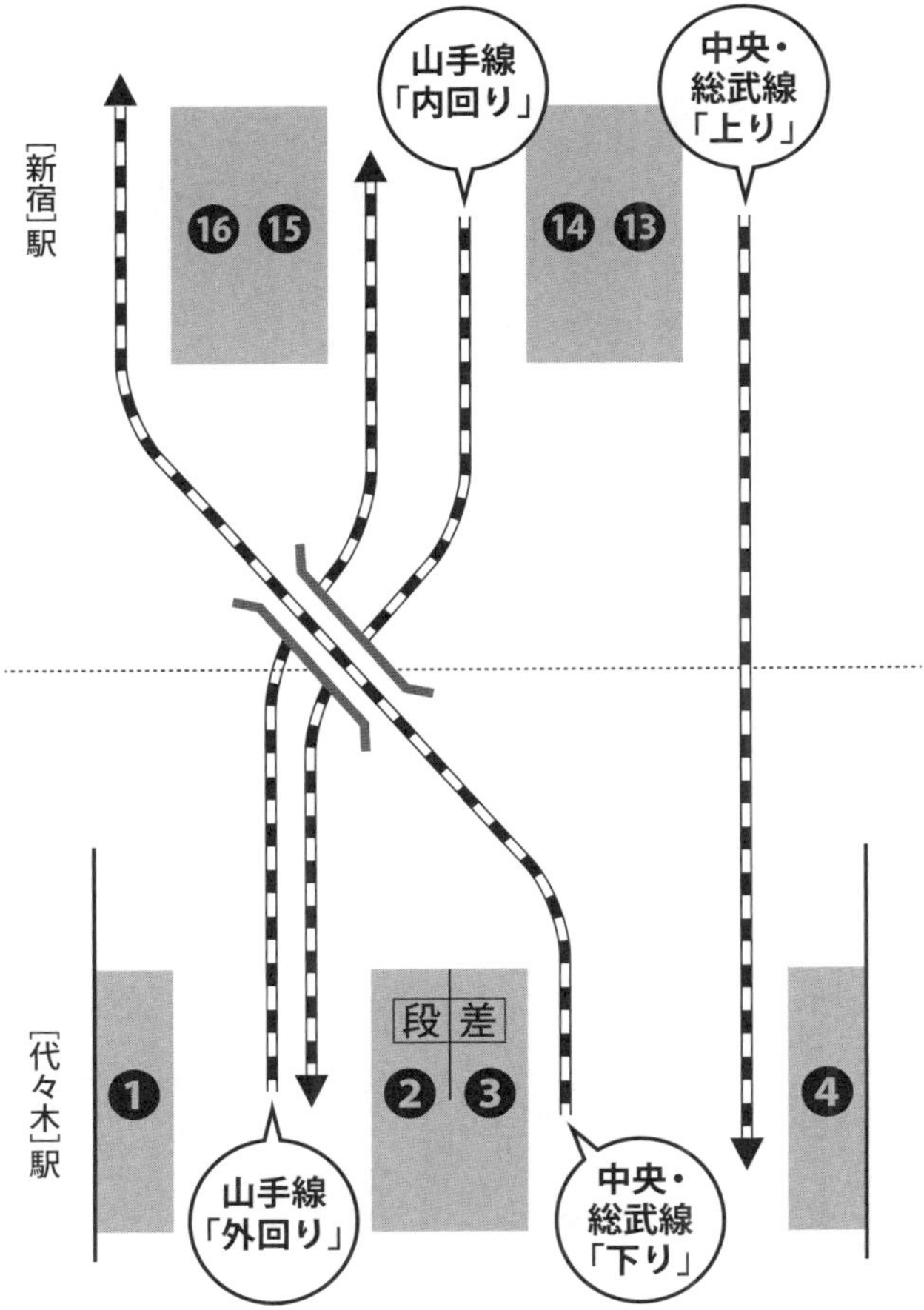

※山手線と中央・総武線の線路とホームのみを記しています。

代々木ではないが「代々木」駅と命名された!?

「代々木」駅は、1906（明治39）年9月23日に甲武《こうぶ》鉄道の駅として開業する。同年、10月1日の国有化により国鉄の駅となり、1909（同42）年に山手線の駅として再スタートした。

「代々木」駅は、現在の住所こそ代々木であるが、実は1969（昭和44）年1月に行なわれた住居表示実施まで、千駄ヶ谷《せんだがや》の区域だったのだ。開業当時は旧千駄ヶ谷村であり、旧代々木村ではない。それでも代々木という名前がついたのは、先に甲武鉄道の駅として「千駄ヶ谷」駅が開業していたことや、小田急線や京王線開通前の旧代々木村には、まだ鉄道路線の駅が一つもなかったことなどが関係したようだ。こうして、旧代々木村にいちばん近いという理由から、代々木という駅名になったようだ。

ちなみにその後、京王線でも同名の「代々木」駅が一時存在していた。現在の甲州街道・西参道口交差点付近で、1914（大正3）年にこの名前で開業している。「神宮裏」駅、「西参道」駅と改称を繰り返したが、「初台《はつだい》」駅に近かったことなどから、戦時下にこの駅は廃止になった。

column

山手線各駅のヒミツ

〔代々木〕駅周辺は緑豊かな都会のオアシス

前述したように、代々木には予備校や専門学校が複数あるため、駅周辺の人通りには比較的若い世代が目立つ。そのせいか、駅前はファストフード店が充実している。居酒屋も多く、食べることには困らなそうだ。

〔代々木〕駅に降り立ったら、ぜひ明治神宮まで散歩することをおすすめしたい。西口を出て千駄ヶ谷方面にぶらり歩くと、すぐに明治神宮が現れる。中央・総武線〔千駄ヶ谷〕駅そばの明治神宮は「外苑」と呼ばれ、こちらにあるのを「内苑」という。内苑は、〔原宿〕駅と〔代々木〕駅のちょうど間に位置し、初詣の参拝客でにぎわうことで有名だが、おすすめなのは宝物殿近くの広大な緑一帯である。足を踏み入れれば、そこが東京であることを一瞬忘れるくらいの風景を体感することだろう。天気のいい日に立ち寄ると、子ども連れで散歩をする人や、シートを敷いて寝転ぶ人、絵を描いている人など、個々に時間を楽しむ人々の姿を見かける。時間に余裕があるときには、弁当を持って散歩コースに入れてみてはいかがだろうか。

JY 17

新宿《しんじゅく》

日本一の乗降客数を誇るも、開業当初は乗客ゼロを記録

新宿の娯楽街は江戸時代にさかのぼる

「新宿」駅の１日の平均乗車人員が76万９３０７人。この数字はＪＲ東日本だけの数字であり、降車人員を加え、ほかに「新宿」駅に乗り入れしている、京王線、小田急線、都営地下鉄新宿線、都営地下鉄大江戸線、東京メトロ丸ノ内線の利用客数を含めれば、「新宿」駅の乗降客数は１日当たり約３００万人以上になるといわれている。現在、ＪＲ東日本のみならず日本国内にあるすべての駅の上に君臨する堂々たる第1位である。

ＪＲの路線は、中央線（快速）、中央本線、総武線（各駅停車）、山手線、埼京線、湘南新宿ラインであり、現在ホームは1～16番線まである。朝は通勤に急ぐ人の乗り換えで駅構内は洪水となり、夜は待ち合わせをする人で改札付近がごったがえす。人、人、人。昼夜を問わず「新宿」駅は、とにかく人が多い。

駅名の由来は、江戸時代にまでさかのぼる。

五街道の一つである甲州街道は、江戸・日本橋から信濃《しなの》の国を結ぶ重要な道だった。街道沿いに多数の宿場が設けられていたが、甲州街道は日本橋を起点として最初の宿場が高井戸宿であり、この間の距離は約4里（約16キロ）も離れていて、商人や旅人には不便だった。ほかの五街道を見ても、約2里（約8キロ）の距離に最初の宿場があることなども影響して、1698（元禄《げんろく》11）年、日本橋〜高井戸《たかいど》間に「新たな宿場」が設けられることになった。これが「新宿」という名の由来である。

場所は甲州街道と青梅《おうめ》街道の分岐点の追分辺りで、この新たな宿場町の一部が、信州高《たか》遠《とお》藩主、内藤家の屋敷だったことから「内藤新宿」と呼ばれた。以後、この地は人や馬が盛んに行き交う宿場町として大いに栄えた。余談になるが、現在でも新宿三丁目交差点付近には、「追分だんご」の店が健在だ。

しかし、わずか20年後に内藤新宿は一時廃止となってしまう。表向きは「交通量が少ないから」というものだったが、旅籠に飯盛女《めしもりおんな》（遊女《ゆうじょ》）が増え、色町としてもにぎわい出していた内藤新宿の風紀を取り締まるというのが本当の理由だったという。逆をいえば、幕府の目にもとまるほどの繁栄ぶりだったことがうかがえる。

その後、内藤新宿が再開されたのは廃止から約50年後であったが、以前にも増して商業や娯楽の場として発展を続けた。

開業当時は夜になると野生動物が出没した

時代が明治に入っても、内藤新宿のにぎわいは衰えることがなかった。当然、「新宿」駅の開業も、この追分辺りに計画された。だが、駅ができると追分が単なる通過するだけの場所になり、客足が減ることを懸念した地元住民から猛反対にあう。

その結果、駅の開設は町外れの原っぱに追いやられ、現在の「新宿」駅東口の「ルミネエスト」付近に設置された。そこは、人でにぎわう追分とは対照的に、茶畑や桑畑、雑木林などで草深く、ひっそりとした場所だった。駅舎は小さな木造建てで、駅前にはこれまた小さな茶屋があるだけの寂しい駅。今でこそ日本一の乗降客数を誇る「新宿」駅だが、開業当時は今の繁栄が想像しがたいほどの閑散とした駅だったのだ。

こうして開業した「新宿」駅の利用客は、1日50人そこそこで、雨が降ってゼロという日もあったという。夜になると野生動物が出没することもあった。

にぎやかな内藤新宿から離れた立地でスタートした「新宿」駅ではあるが、その後の発展は目覚ましい。

きっかけは、1889（明治22）年4月に甲武鉄道が「立川《たちかわ》」駅を、同年8月には「八王子」駅を開業し、「新宿」～「八王子」間が開通したことによる。その起点駅となった

［新宿］駅は、乗り換え駅として次第に遠方からの乗降客が増えていく。

その後も、［八王子］駅から先も徐々に路線が延び、［新宿］駅の規模も拡大していった。1906（同39）年になると、［新宿］駅は、「甲州街道口」と「青梅街道口」と呼ばれる二つのホーム（駅舎）が設けられた。

1923（大正12）年9月1日に関東大震災が起きると、それ以前から進められていた［新宿］駅改良工事も困難を極めたが、翌年には二つのホームは統合され、東口（現在の「アルタ」前付近）に鉄筋コンクリートの2階建て駅舎が完成した。この2階には駅食堂があり、ここで食事をするのが当時の山の手界隈の人々の間で流行になったといわれる。

その後、時代は昭和に入り敗戦を経た1964（昭和39）年、［新宿］駅は大きな変化を迎えた。同年5月に東口の駅ビル（現・ルミネエスト）が完成したのを皮切りに、秋には京王百貨店が開店、1967（同42）年には小田急百貨店が新宿店全館営業を開始。すでに開業していた三越や伊勢丹を含め、現在の駅周辺の原型ができ上がる。またこのころ、中央本線では特急「あずさ」号が運転を開始している。

西口では、一帯を大きく占めていた「淀橋《よどばし》浄水場」が廃止され、1971（同46）年6月に、京王プラザホテルがオープン。高さ約178メートル47階建てで、当時日本一の高さを誇った。これが西新宿高層ビルの競争に火をつける。52階建て（高さ約210メートル）の住友ビルが記録を塗り替えると、すぐさま55階建て（高さ約２２５メートル）の三井ビルが登場。ほかに32階建て（高さ約１６５メートル）の国際通信センタービル（現・ＫＤＤＩビル）などが続々と建てられた。１９９１（平成３）年3月には、東京都庁舎が移転開庁。第一本庁舎が48階建て（高さ約２４３メートル）と巨大ビルがまた一つ増え、現在では世界有数の超高層ビル街となっている。

草深く閑散としていた［新宿］駅は、こうして現在目にする街並みへと変貌を遂げた。

column 山手線各駅のヒミツ

進化する街・新宿の駅周辺の見どころ

現在の駅周辺のにぎわいには、説明の必要もないだろう。高層ビルにホテルやデパートが林立し、通勤者、旅行者、買い物客と老若男女がこの駅を行き交う。

［新宿］駅で時間をもてあます際には、都庁の展望室に行ってみてはいかがだろうか。高層ビル群はもちろん、信号待ちで列を成す車や中央線の走る姿、緑の残る公園など街のつくりが一手に見てとれる。地上45階の展望室から巨大都市・新宿を一望するのも悪くない。

新宿御苑も一度は訪れておきたい。最寄り駅は丸ノ内線の［新宿御苑前］駅になるが、［新宿］

駅からも徒歩10分程度で着く。信州高遠藩主、内藤家の屋敷跡につくられた新宿御苑の庭園は、イギリス風景式庭園、フランス式整形庭園、日本庭園が組み合わされ、それは見事だ。桜が有名だが四季折々に花が咲き、一年中楽しめる。

また［新宿］駅東口広場には「馬水槽」がある。近年では、待ち合わせをする若者の影にすっかり隠れてしまっているが、新宿区指定文化財にも選ばれている貴重な史跡だ。これは明治時代に水道建設にあたった中島鋭司博士が水道視察のためヨーロッパに行った際、ロンドンの水槽協会から贈られたもので、上が馬、下が犬や猫、裏側が人間の水飲み場になっている。世界でも三つしか現存していないという珍しいものである。

かねてから、南口では、甲州街道の慢性的な渋滞や街道沿いの歩道が狭いこと、新宿跨線橋の老朽化などが問題となっていた。これらの課題を解決するため、2016（平成28）年には、高速バスターミナルや鉄道駅などを集約した交通ターミナル「新宿南口交通ターミナル」、通称〝バスタ新宿〟が完成した。周辺には大型商業施設も開業し、流行に敏感な人々の間で話題となっている。

［新宿］駅東口にある馬水槽。明治時代の英国製で、世界に三つしか現存しないといわれるものの一つ

JY
16

新大久保《しんおおくぼ》

現在では多く見られる「新○○駅」という駅名の走り

韓国、ネパール、ベトナム、インド……いまや都内屈指の国際的な街

日本一の乗客数を誇る「新宿」駅とは対照的に、１日の乗車人員が４万３９２９人と、ＪＲ東日本のなかで１０３位、山手線のなかでも下から３番目に少ないのが「新大久保」駅。所属路線は山手線で、ＪＲの山手線以外の路線や私鉄、地下鉄との接続がいっさいない、山手線のなかでも数少ない単独の駅である。

駅を出て北側の通りを西へ歩くと、わずか約３００メートルの距離に中央・総武線の「大久保」駅がある。「新大久保」駅と名づけられたのは、同地区内に、当時の地名である南豊島郡大久保村から「大久保」駅がすでに開設していたからだ。この命名を機に、全国に「新」をつけた駅名が増えていったらしく、「新大久保」駅がその走りになったともいわれている。

明治時代、この辺りはツツジの景勝地として知られていた。それが影響してか、はたま

た［新宿］駅から近かったことからか理由は定かではないが、かつてこの辺りには文豪や画家が多数住んでいた。

島崎藤村《しまざきとうそん》もその一人。1905（明治38）年に長野県の小諸《こもろ》から上京したのち、出世作『破戒《はかい》』を書いたのはこの地だったといわれる。

戦後、2010年ごろまではコリアンタウンとして栄えた新大久保だが、日本語学校の多さなどが手伝って、最近ではネパールやベトナム、インド、ミャンマー、パキスタンなど、あらゆる国の人々の生活拠点となっている。

突如現れる、山手線内で一番標高の高い「箱根山」

［新大久保］駅から高田馬場方面へ歩くこと10分、「戸山公園」がある。ここには、山手線内で一番標高の高い「箱根山」がある。現在公園は、明治通りで二分された形をとり、この箱根山がある箱根山地区と、大久保地区とに分かれる。

かつてこの辺りは、林あり野道ありの緑あふれる一帯で、「戸山ヶ原」と呼ばれていた。明治時代の一説によると、その様子はまるで「武蔵野の趣《おもむき》を残した」貴重な場所とまでいわれたそうだ。

［新大久保］駅にほど近いところにある戸山公園の箱根山。山手線内でいちばん標高の高いところ

もとをたどると、江戸時代ここは徳川御三家の一つである尾張《おわり》藩の下屋敷で、広大な庭園が築かれていた。この庭園は、三代将軍家光の長女千代姫が二代目尾張藩主徳川光友《みつとも》のもとに嫁いだ際、家光が娘のためにつくったもので「戸山山荘」と呼ばれたそうだ。

この庭園、東海道五十三次をミニチュア化し、忠実に再現したことで有名だったという。敷地面積はおよそ13万6000坪（約45ヘクタール＝東京ドーム約10個分）もあり、園内には、山、川、宿場に商店、名所の神社、仏閣などが並べられた。商店では、それぞれの宿場の名物まで売ったというほどの細かい演出が施され、園内を歩くと東海道五十三次を旅している気分が味わえるというものだったらしい。完成には27年の年月がかけられ、当時、江戸第一の名園とまで称されたという。

明治に入ると終戦まで、一帯は軍事用地となり、この庭園は陸軍戸山学校の構内に変わる。戸山ヶ原の練兵場や射撃場など軍事施設がぎっしりと並んだ。

戦後、東京都の計画ではこの地を自然公園にしたいという意向があったが、GHQ（連合国軍最高司令官総司令部）の「今の日本人に必要なのは庭園ではなく住宅だ」というひとことにより、この地に住宅を建てるよう指示され、戸山ハイツが建てられた。そして一部を残す形で、1954（昭和29）年に戸山公園が開園した。

江戸の時代につくられたミニチュア東海道五十三次を想像すると、その広大な敷地を一度でいいから歩いてみたかったものだが、そのときにつくられたメインともいえる築山「箱根山」が、山手線内でも一番高い山として、戸山公園内に今なお健在だ。

JY 15

高田馬場《たかだのばば》

国民の忠孝思想を育成するためにつけられた駅名!?

鉄腕アトムのテーマ曲が発車メロディー

駅に降りると、誰もが知るあのメロディーが流れる。

「ら、ら、らら〜らら〜」

［高田馬場］駅では、発車メロディーが『鉄腕アトム』のテーマ曲。高校野球の応援歌としても、しばしば耳にするこのメロディーが用いられた背景には、名作『鉄腕アトム』の生みの親である手塚治虫の主宰したプロダクションが高田馬場にあったことに由来する。

2003（平成15）年春から使用されて以来、現在ではすっかりこの発車メロディーが定着したが、当初は期間限定の予定だったらしい。

［高田馬場］駅は、［西武新宿］駅を起点に埼玉県川越市の［本川越］駅までを結ぶ西武新宿線と、［中野］〜［西船橋］間を結ぶ地下鉄東西線が接続している。郊外と都心をつなぐこの二つの路線が接続していることなどから、1日の乗車人員が20万6683人とJ

R東日本のなかで12位、山手線のなかでは8位となっている。

駅名は、地名を用いることが多い。にもかかわらず「高田馬場」駅は、今でこそ駅付近の地名が「高田馬場」であるが、1910（明治43）年の駅開設当時、この地名はどこにも存在しなかった。

当時、この地は豊多摩郡戸塚村であり、駅の開設にあたって地元住民らは駅名に「戸塚」や「諏訪森」を要望したという。しかし、すでに東海道線に同名の「戸塚」駅が開設していたことなどから、鉄道院（国鉄の前身）は「高田馬場」を採用する。

高田馬場とは、忠臣蔵の四十七士の一人、堀部安兵衛（当時・中山安兵衛）が助太刀した決闘で知られる有名な史跡名であって、地名ではなかった。しかも、その史跡も駅から1キロ近くも離れている。

ではなぜ、鉄道院はこの名を駅名にしたのだろうか。それは時代背景と因果関係があったようだ。

ときは日露戦争から5年後――国民の忠孝思想の育成材料として、この高田馬場を駅名にしたという説が残っている。赤穂浪士吉良邸討ち入りの8年前、中山安兵衛が伯父の菅野六郎左衛門の決闘に駆け付けて加勢し、六郎左衛門が討たれるなか、安兵衛が敵方18人を斬り倒して見事に伯父の本懐を遂げたという講談でも有名になった話は忠孝思想の教材

早稲田大学近くにある水稲荷神社境内に建つ堀部安兵衛の碑

として適格だったのであろう。

しかし地元住民からは猛反対。そこで困り果てた鉄道院は苦肉の策を講じた。史跡の高田馬場は「たかたのばば」と呼ばれていたが、駅名は「たかだのばば」と「た」に濁点をつけたというのである。

現在、早稲田大学近くの西早稲田3丁目にある水稲荷神社境内に、堀部安兵衛の碑が建っている。

column

山手線各駅のヒミツ

〔高田馬場〕駅付近限定の「アトム通貨」

〔高田馬場〕駅付近では、「アトム通貨」なるものが存在するというから驚きだ。早稲田・高田馬場エリアの地元住民の協力によって立ち上げられたというこの通貨は、地域コミュニティーを育んで街全体を活性化しようという目的から生まれたそうだ。この通貨は非売品で、加盟店が行なう環境保全や地域活性のためのプロジェクトやイベント、ボランティア活動などに参加するともらえる仕組みになっている。

貨幣単位は「馬力」で、1馬力1円として加盟店で実際に使えるという。

JY 14

目白《めじろ》

赤羽線が分岐する「池袋」駅の役割を担うはずが……

田端方面と赤羽方面とに乗り換える分岐駅として建設

「目白」駅は「新大久保」駅と同様に、ほかの路線との接続がいっさいない「純山手線駅」。これは、都心環状線としてターミナル駅が多い山手線のなかでは珍しい存在である。「高田馬場」～「池袋」間にはさまれる「目白」駅の1日の乗車人員は3万7939人で、JR東日本の駅のなかでは115位、山手線のなかで下から2番目と少ない。

しかし意外に歴史は古い。1885（明治18）年3月1日に山手線の前身である日本鉄道品川線が開通したが、その半月後、「赤羽」～「品川」間の「板橋」「新宿」「渋谷」の各駅に次いで「目黒」駅と同日開業している。隣の「池袋」駅よりはるかに先輩なのだ。

実は、この駅は現在の「池袋」駅の役割を担うはずだった。「品川」～「新宿」方面から来る列車から、田端方面と赤羽方面とに乗り換える分岐駅にしようという計画があったのだ。その理由の一つに、当時の池袋周辺は深い緑に覆われた片田舎であり、あまりに人

［目白］駅々舎を飾るステンドグラス。女子大生の街らしいおしゃれな駅舎だ

影が少ない土地だったためといわれている。

ところが、［目白］駅付近にも難点があった。小さく狭い土地だったことや地元住民の猛反対にあったことなどから取り止めになったという。

駅名は、江戸五不動の一つである目白不動にちなんだもの。目白不動は、現在豊島区高田にある金乗院《こんじょういん》に祀られている。

2000（平成12）年の改築工事により、［目白］駅は現在の姿になったが、それ以前は緑色の屋根瓦でできた古民家風の駅舎で、長い間、人々に親しまれていた。

現在の駅舎も正面から見ると改札口の上に大きな屋根があり、壁面にはステンドグラスが用いられていて、情緒がある。窓は尖頭《せんとう》アーチを配したデザインとなり、街の雰囲気に合ったすてきな駅舎に仕上がっているので、眺めているだけでも楽しい駅だ。

　駅を出て、徒歩3分程度のところには「切手の博物館」がある。日本はもちろん外国の切手を約30万種、そのほか珍しい封筒類なども有し、テーマごとの企画展や季節ごとの特別展、そのほかイベントなどを行なっているというから興味深い。

JY 13 池袋《いけぶくろ》

蛍が飛び交う寂しい地に新開発された駅

［新宿］駅に次ぐ大ターミナル

　山手線、埼京線、湘南新宿ラインが乗り入れ、地下鉄丸ノ内線・有楽町線・副都心線、西武鉄道池袋線、東武鉄道東上線が接続する［池袋］駅。［新宿］駅に次ぐＪＲ東日本エリア、山手線とも第2位の乗車人員を誇る巨大ターミナルである。

　1日の平均乗車人員は55万９９２０人。この街を行き交う若者を中心に、略して「ブクロ」と呼ばれることも多い。

池袋を象徴する「いけふくろう」。待ち合わせ場所として多くの人々に利用されている

「西口の東武、東口の西武」で知られるこの駅の出入り口は、東西南北にあり、使い慣れていない人には非常に複雑だろう。デパートだけではなく、西武池袋線に乗りたい場合は東口方面へ、東武東上線の場合は西口方面へと名称と実際の方位が見事に逆転現象を起こしている。

北改札を出て東口に向かう途中には、「いけふくろう」という像がある。待ち合わせの名所「渋谷」駅の「ハチ公」に対して「池袋」駅にも駅のシンボルをということで、1987（昭和62）年のJR発足時に設置されたものである。

ちなみに、このようなふくろう像は、駅のみではなく、周辺地域などあちこちに点在している。

東京で一番空気がきれいといわれた土地

前述したように、［池袋］駅は［目白］駅での分岐計画が断念されたためにつくられた駅だ。最初は信号所として設けられたが、その後、駅に昇格して開業となる。

ところで、［目白］駅での分岐計画が取り止めになった理由の一つに、「巣鴨監獄」があげられる。「巣鴨刑務所」「巣鴨拘置所」と改称され、「スガモプリズン」とも呼ばれた東京拘置所の前身が、線路を敷くための障害として多々浮上したという。

東京拘置所と改称されるまで「巣鴨」の冠が外されることがなかったが、現在の東池袋3丁目に存在した（現在、東京拘置所は移転、跡地にはサンシャインシティが建つ）。「池袋拘置所」ではなく「巣鴨拘置所」なのは、巣鴨監獄が設置された当時、この場所は北豊島郡巣鴨村字池袋だったからである。「池袋」という名は巣鴨村の字《あざ》でしかなかった。それほど池袋は小さなところで、農家が転々とあるだけの辺り一面、畑と雑木林に包まれる田舎だったのだ。

駅はそんなところに1903（明治36）年、ポツリと小さくたたずみ、開業後もその様子はあまり変わらなかったようだ。

そもそも「池袋」という名の起源は、その昔、池がたくさんある土地で、池に囲まれて袋地のようになっていたことにあるという。池から流れ出る水は鶴巻川《つるまき》となり、神田川へと流れ着いていたらしい。現在では想像し難い風景だが、明治の終わりごろまではその姿をとどめ、蛍が飛び交うほどだったという。「池ヶ谷の月」とも呼ばれ、月の名所としても知られていたようだ。

昭和に入っても［池袋］駅周辺はのんびりとしたもので、映画を見るには新宿か浅草へ、デパートに行きたければ上野の松坂屋や新宿の三越まで足を運んでいたという。それゆえ空気が澄んでいたらしい。とくに現在の西池袋3丁目辺り（現・立教大学付近）は、戦前の東京都内で一番空気がきれいだったという一説も残る。

国内有数のショップ街へ

［池袋］駅が急速に変化を遂げたのは戦後のことである。1949（昭和24）年に、武蔵野デパートから名前を変えて西武百貨店が東口に誕生すると、それに続いて三越や東京丸物《まるぶつ》、西口では東武百貨店や東横百貨店などのデパートが林立した。戦後に建てられた東京丸物は現在パルコに姿を変え、東横百貨店は東武百貨店に吸収されている。西武百貨店は何回かの増築などを経て、現在では国内有数の集客数を誇る巨大デパートになっている。

また、いくつかの家電量販店が進出しているのも近年の特徴だ。惜しまれつつも2009（平成21）年、三越池袋店が閉店した。その跡地に進出したのは、ヤマダ電機。「この店を見れば家電のすべてがわかる」といってオープンしたのが、LABI1日本総本店池袋である。かつてはビックカメラとカメラのさくらやが競い合った地。秋葉原と肩を並べるとはいかないまでも、池袋は有数の家電量販店街になっている。

JY 12

大塚《おおつか》

往年の繁華街は、今も下町の面影を残す

都電荒川線と十字に立体交差する［大塚］駅

山手線はいくつかの谷を越えて走っている。1903（明治36）年に開業した［大塚］駅もその谷の一つにあり、［池袋］駅周辺から続く台地が終わってちょうど谷間になった場所に設置された。そのため、高架ホームで島式1面2線構造になっている。

1日当たりの乗車人員は5万6703人と、それほど多くはない。JR東日本管内では

84番目、山手線内の駅では24番目である。

地下鉄などとの接続はないが、東京都交通局が運営する路面電車である都電荒川線の［大塚駅前］停留場が、この駅の高架下にあり、乗り換えに便利だ。

ホームに立つとその様子は一目瞭然だが、高架で東西方向に走る山手線に対し、都電荒川線は地上をほぼ南北に走っており、ちょうど十字に立体交差をしている。

荒川線は、都内に唯一残る都電で、愛称は「東京さくらトラム」。近年、路面電車が全国的に見直されるなかで健闘し、新造車両も導入されている。

［大塚］駅の出口は南口と北口の二つ。以前は、この南と北がそれぞれ独立していたため、南北を行き来するには、入場券を買って改札をいちいち通るか、遠く迂回しなければならなかった。そのため、自由に行き来できる都電荒川線のホームを南北への通り道にする人が多かったが、２００９（平成21）年、駅改良工事によって改札口は一つに統合され、南北は自由に行き来できるようになった。

最近、南口の変化が著しい。駅ビルが２０１３（同25）年に完成し、ビジネスオフィスが入ったほか、商業施設アトレヴィやスポーツジムなどが開業。２０１７（同29）年にはバラの花壇と都電の情緒を楽しめる駅前広場が完成。地下には大型駐輪場が新設された。

実は、この「バラ」も最近目立つようになった南口の名物である。地元住民のボランティ

［大塚］駅の高架下にある都電荒川線の［大塚駅前］停留場

ア活動によって都電の線路沿いに色とりどりのバラが育てられている。広場の花壇完成時にはJR東日本もバラの植木を寄贈している。

夏の阿波踊りが風物詩

大塚の街は、大正から昭和初期にかけて「大塚花柳界《かりゅうかい》」と呼ばれ、都内でも屈指の繁華街として栄えた。特に、駅にほど近い天祖《てんそ》神社のある周辺（現・サンモール大塚商店街）が大いににぎわったという。

［大塚］駅周辺は将来を見込まれ、当時の日本を代表する百貨店であった白木屋が、この地に5階建ての店舗をつくったことでも話題になった。しかし、戦後の［池袋］駅開発の勢力の波に押され、かつての繁栄は［池袋］駅に譲る形となった。

現在でも［大塚］駅周辺は都電の走る姿からか、どことなく下町の風情を残している。

南大塚では、1971（昭和46）年以来、8月下旬に「大塚阿波踊り」が開催されている。毎年およそ1000人以上の踊り手が参加するといわれ、観客動員数も都内では高円寺に次ぐ勢いを見せるという。開催中は街が熱気であふれ、大いに盛り上がる。近年では、すっかり大塚の夏の風物詩となっている。

JY
11

巣鴨《すがも》

中山道と交差する交通の要衝に設置された駅

「お年寄りの原宿」は、いつも大混雑

「巣鴨」駅は線路の両脇が斜面になっていて、ちょうど掘割《ほりわり》のようになっているところにできている。中山道が山手線と交差する、交通の要衝の駅だ。都営地下鉄三田線と接続しているが、１日当たりの平均乗車人員は７万７１５１人。ＪＲ東日本の駅のなかでは58番目、山手線の駅では20番目である。

「巣鴨」の地名の由来は、川があって鴨が多く巣をつくっていた地だから。その地名から駅名も決められた。

巣鴨は中山道沿いということで、江戸時代から栄えた場所。中山道で江戸の次の宿場は板橋だが、距離が長かったため、この地も宿場の性格を持っていた。

明治時代に入った１８９１（明治24）年には、いわゆる「とげぬき地蔵尊」と呼ばれる高岩寺《こうがんじ》が移転してきて、参詣の人々でますますにぎわった。現在もこの地は、「お年寄りの原宿」といったキャッチフレーズで呼ばれ、年配の人々でいつも混雑している。

［巣鴨］駅は、内回り外回りの発着するホームが1面のみだが、かつては、貨物駅も設置されていた。また、［駒込］寄りに待避線が1本敷かれ、池袋などの電車区からあふれた車両を留め置いたこともあった。

貨物列車専用の線路だったところを現在では湘南新宿ラインの列車が走り、もはや貨物駅の痕跡も見られなくなってしまった。

JY 10
駒込《こまごめ》

桜やツツジにちなむ花いっぱいの駅

開業以来のツツジの植栽も見られる

1910（明治43）年に開業し、当初は［妙義《みょうぎ》］駅と称した。駅近くの旧地名の妙義坂下町に由来するものだ。その後、駅の所在地である駒込を駅名とした。

駅のある場所は切り通しになっていてツツジが植えられている。開業時以来の植栽で、沿線名物の一つとなっている。

発車メロディーとして童謡『さくらさくら』を用いている［駒込］駅。この発車メロディーからもわかる通り、山手線としては珍しい自然豊かな駅である。

駅の北口を出たところすぐにある染井吉野《そめいよしの》桜記念公園には「染井吉野櫻発祥之里・駒込」という碑が置かれている。桜といえばソメイヨシノだが、かつて染井という地名で呼ばれていたここが発祥の地だ。『さくらさくら』は、そのために選ばれた発車メロディーなのである。

この辺り一帯は、植木職人が多数住んでいたところで、江戸時代から明治にかけて腕のいい植木職人による一大園芸センターとして、多くの人たちでにぎわっていたようだ。ツツジも、そうした職人がこの地でつくり出したソメイツツジである。その後、植木職人たちは埼玉県の安行《あんぎょう》（川口市）の地に移り住んでいったという。

線路は岩槻《いわつき》街道につながる現在の都道455号線と交差している。

現在、いったん駅の外へ出てからではあるが、地下鉄南北線との乗り換え駅となっている。乗車人員は1日平均で4万8094人。これは、JR東日本の駅のなかでは98番目、山手線の駅では25番目である。

JY
09

田端《たばた》

ホームから望むことができる操車場には様々な車両が集結

かつては常磐線の起点だった

広がっている田の端の崖のところに駅ができた、といってよさそうなロケーション。１８９６（明治29）年、大きな操車場ができた。それが「田端」駅だ。

しかし村は崖の上にあったので、「田端」という地名の由来が「田の端」というのはうなずけないという説もある。江戸時代には、一帯は「田畑村」と呼ばれていたが、それが由来のほうがしっくりくる気がする。

「田端」駅の乗車人員は山手線のなかでも比較的少なく、４万６２４１人だ。ＪＲ東日本の駅のなかで99番目、山手線の駅では26番目となっている。

「田端」駅は、当初は常磐線の起点となったところである。それが後年、「日暮里」駅に変わってしまった。そのあたりの事情は「日暮里」駅のところでも説明するが、１９０５（同38）年に「日暮里」～「南千住」間がショートカットで結ばれるようになり、「田端」

駅は山手線の駅となった。

何本もの線路が入り組んで敷かれている

［田端］駅一帯は、線路が非常に入り組んでいる。現在、［田端］～［田町］間は、山手線内回りと京浜東北線北行、同外回りと同南行が同一ホームで発着する。山手線の内・外回りの複線を、京浜東北線の北・南行がはさむように両側を走るのである。［田端］～［田町］間は複々線となっていて、［品川］までの利用なら、同じホームに来たどちらの電車にも乗れる便利な構造だ。これを利用して、日中は京浜東北線は快速運転をしている。

そのため、［田端］駅北方で京浜東北線の北行が山手線の下をくぐり、南行の線路に寄っていく。

それだけではない。湘南新宿ラインの列車は［池袋］駅を出発すると［大塚］［巣鴨］［駒込］まで山手線と並行して走り、［駒込］駅の先で山手線と分かれると勾配を下ってトンネルに入り、山手線、京浜東北線をくぐって［大宮］方面へ向かう。

ホームからは何本もの線路が敷かれた車両センターを望むことができてこれを眺めるのも面白い。貨物輸送が鉄道中心だったころは多くの機関車や貨車が集まっていたが、現在

田端駅周辺の山手線・京浜東北線・湘南新宿ラインの交差

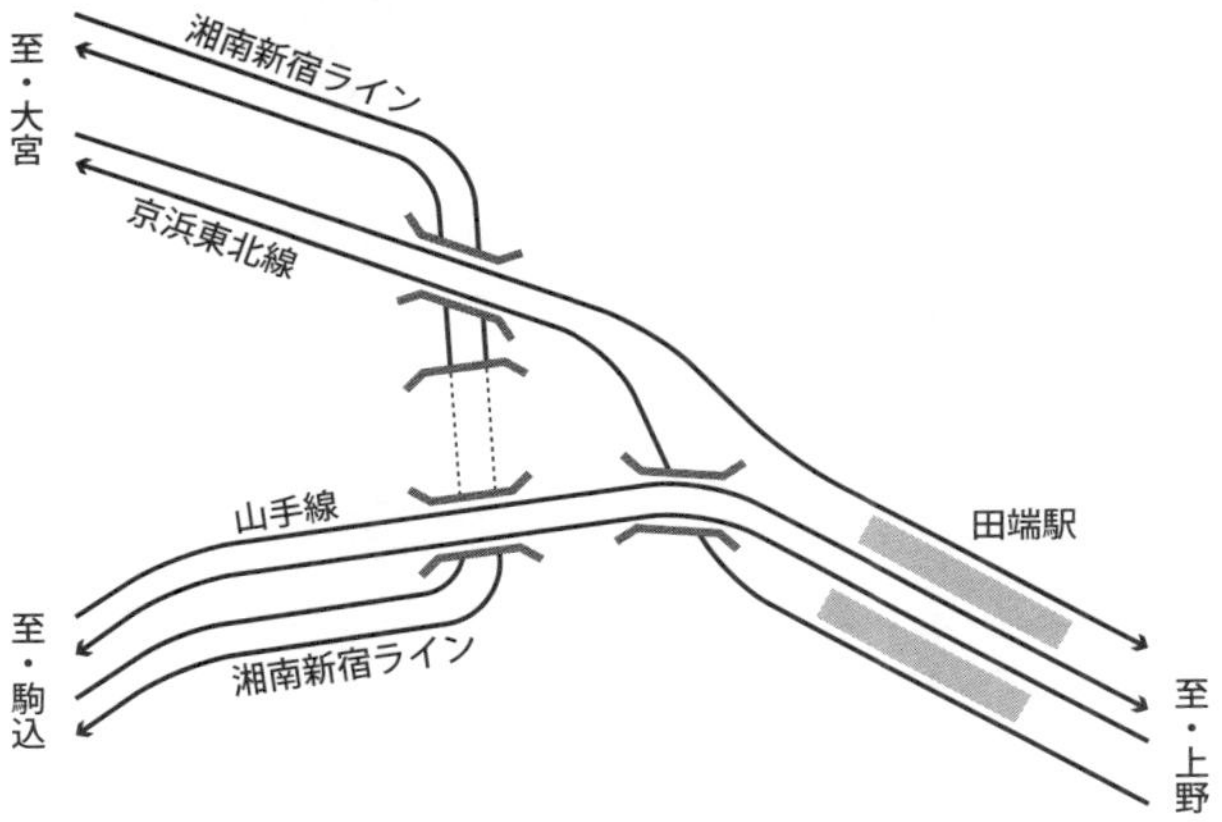

［駒込］～［田端］駅間で交差する山手線（上）と湘南新宿ライン（下）

も現役として機能している様子がうかがえる。
ちなみに、［田端］駅の隣接にはJR東日本東京支社があり、ここでは東京都区部内を運行する各線のほか、千葉・茨城県内も含めた常磐線の一部区間を管轄している。

column

山手線各駅のヒミツ

明治～大正期には小説家や芸術家のたまり場となっていた

鉄道と直接の関連はないが、田端一帯には、駅ができて以来多くの芸術家が住み着いた。明治時代後半から大正時代後半にかけ、小説家・文学者では芥川龍之介や二葉亭四迷、室生犀星、菊池寛、萩原朔太郎などが移り住んだ。そのほかにも、画家や陶芸家などがいた。東京芸術大学へのアクセスにもよかったからだろうか。名づけて「田端文士村」。

高台から線路越しに隅田川方向を眺めながら構想を練る――。そうした創造のために最適の環境だったのだろう。

現在、駅近くに「田端文士村記念館」が建ち、文士たちの足跡を紹介している。

JY 08

西日暮里《にしにっぽり》

乗り換えの便のために新設された昭和46年生まれの若い駅

発車したらすぐに停車準備に入る運転士

［西日暮里］駅が、開業したのは1971（昭和46）年のこと。山手線の駅としては、［御徒町］［秋葉原］両駅の1925（大正14）年以来、46年ぶりの新駅開業であった。昭和時代に開業した唯一の山手線の駅である。

［西日暮里］駅は、1969（昭和44）年に地下鉄千代田線［北千住］～［綾瀬］間が開通し、すでに開業していた［北千住］～［霞ケ関］間とつながったことで、この線と山手線・京浜東北線と接続する駅として設置された。これに合わせて隣の［日暮里］駅を通っていた常磐線の各駅停車はすべて［綾瀬］駅からそのまま地下鉄に乗り入れるようにしたのである。

そうした点から、ホーム中央から地下鉄連絡口へ直接つながり、乗り換え客の利便性を最大限に配慮した構内となっているのが注目される。

しばらくのあいだ山手線の新駅がつくられなかったのは、すでに28の駅で十分カバーできていたからだろう。山手線1周は約34・5キロだが、34・5÷28＝1・2……で、平均の駅間が1・2キロといえば、十分近い距離である。

乗り換えの便のためだけに新設したわけだが、そのため「日暮里」～「西日暮里」間が0・5キロと、山手線のなかでは最短、全JRの駅間でも1、2位を争うほどの最短の駅間となった。山手線電車の1両の長さは20メートルで、11両編成で220メートル。1本の編成の最後尾がホームを離れたときには、先頭部分はすでに駅間の半分に達しようとするほどの指呼の距離ということだ。そのため運転士は、「西日暮里」駅を発車したら、すぐに「日暮里」駅に停車する準備に入らなければいけないほどだ。

乗車人員は10万2776人。JR東日本のなかで40位、山手線内では19位である。

日暮里の北にあるのに西日暮里

「西日暮里」駅の所在地は、荒川区西日暮里5丁目。これは「日暮里の西」にあるから、「西日暮里」であると勘違いする人も多いようだが、実際は違う。

実は、「西日暮里」駅は「日暮里」駅の西にあるのではなく、北方にある。これは、駅の一帯が開業当時はすでに新しい町名表示となっていて、その地名から単純に「『西』日暮里」という駅名になったのである。住所の表示そのものに論議があるが、ここはそれを語る場ではない。

なお、ほとんどの乗降客は気づかないのだが、ホームの中ほどで山手線は道灌山通りをまたぐため、両端に向けてわずかな勾配がついている。

JY 07 日暮里《にっぽり》

鉄道ファンの聖地・トレインミュージアムが楽しめる

停車しない東北線に所属する駅

「日暮里」駅は、山手線と京浜東北線の駅のように思えるが、実は、東北本線に所属している。そして、常磐線の起点でもある。ただし、東北本線（宇都宮線・高崎線）の列車は、ホームがないので停車しない。

少々奇異な印象があるが、ホームの番線を見てみるとよくわかる。0・1・2番線は、私鉄の京成電鉄のホームだ。3・4番が常磐線のホームだ。そのあといきなり、9・10・11・12番線となる。いずれも、山手線と京浜東北線の電車が発着するホームだ。5〜8番線が抜けているが、この4線につけるべきホームこそ、幻の東北本線のホームなのである。

JRの［上野］駅から［日暮里］駅までの間は10本の在来線の線路が並んでいる。新幹線の線路を加えれば、実に12本もある。

実は、もともとは東北線のホームも存在していたのである。それが5〜8番だったのだ。［日暮里］駅が開業したのは1905（明治38）年で、そのころは、東北線の列車も停車していた。そして、山手線や常磐線との乗り換え駅となっていた。

しかし戦後、このホームは休止となって、長らくそのまま放置されていた。

その後、東北新幹線の建設とともに、東北本線部分が大きく変わり、ホーム中央辺りから新幹線が地上に上がってくるようになった。それに合わせて、ホームは消滅した。

こうして、東北線の5〜8番線は、幻のホーム番線となった。

このようにたくさんの線路が敷かれてきた［日暮里］駅だが、西口を出たところすぐにある下御隠殿橋《しもごいんでんばし》という跨線橋《こせんきょう》の上からその姿を眺めることができる。この場所からは京成電鉄の線路も含めて14本もずらりと並んだ線路の上を、1日に2500本ともいうほどの電車がにぎやかに行き交っているのが見えるのである。鉄道ファンにはたまらない魅惑の

［日暮里］駅北口を出たところ、駅の東西を結ぶ下御隠殿橋の中ほどに「トレインミュージアム」と呼ばれるバルコニーが設置されている

下御隠殿橋わきに、橋から見られる車両の種類が描かれた案内板がある

常磐線の路線の移り替わり

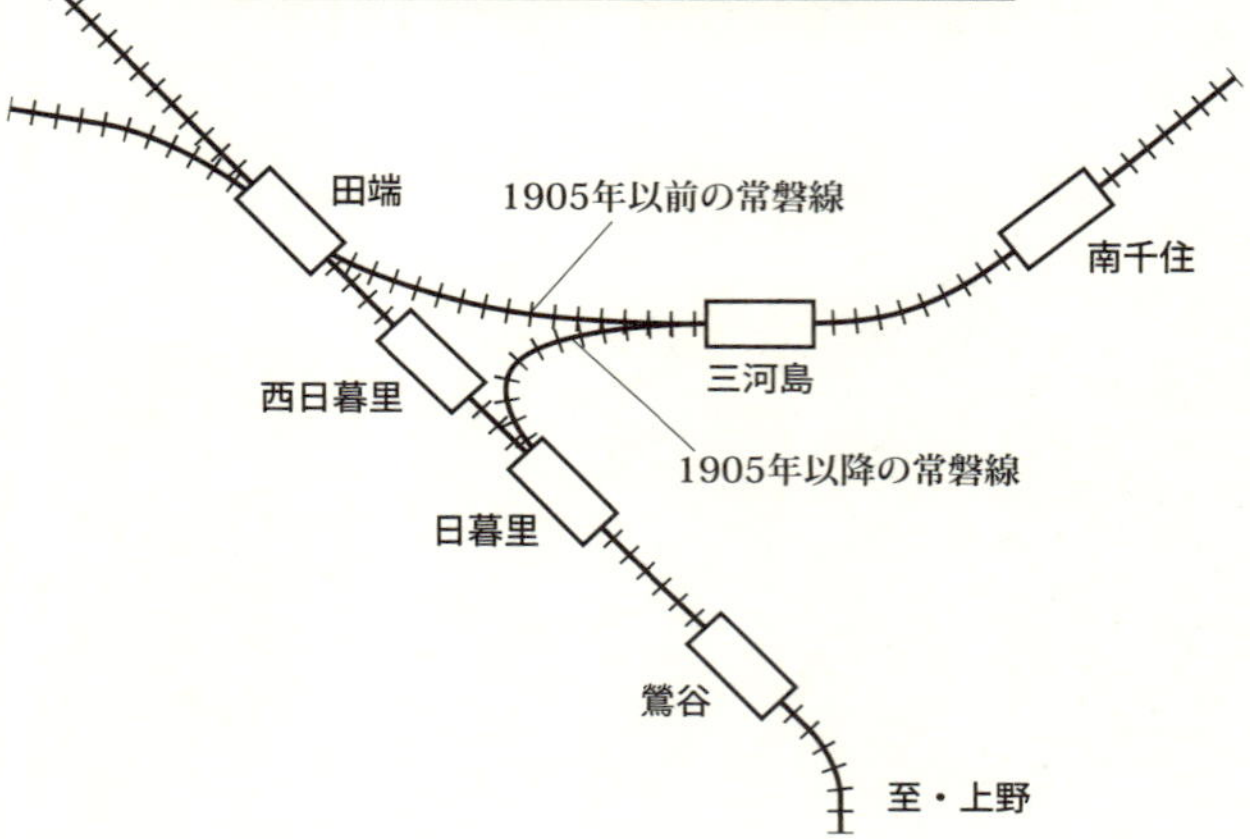

スポットであり、ついた愛称は「トレイン・ミュージアム」である。

日暮らしの里に駅ができたのは……

この地に駅ができたのは前述のように１９０５（明治38）年で、このときはまだ国策の私鉄である日本鉄道の時代。それまでの常磐線（当時は常磐海岸線）は［上野］駅から［田端］駅に至り、ここで逆方向に走って［南千住］駅に向かっていた。

実は、常磐線はもともと［田端］駅を起点としていた。常磐炭鉱地帯からの石炭輸送を目的としたのが本来の常磐線で、［田端］駅から山手線経由で陸軍の各種施設のあった赤羽や十条方面へ石炭を輸送するためだったからだ。
「上野」駅からの列車が走るようになるのはのちのこと。「田端」駅での折り返し運転が続いていたのだが、それでは不便と、「上野」駅からギューッと右カーブして「田端」駅を素通りし、同じ進行方向のまま「南千住」駅へ向かうようになった。そのときに「三河島」駅とともに開業したのが「日暮里」駅である。

「日暮らしの里」――。日暮里という熟語を分解するとそのように読め、意外に優雅な呼び名だ。

もともと一帯の地名は、「新堀」といったそうだ。「にいほり」がなまって、「にっぽり」になり、それに字を当て「日暮里」となったという。

「日暮里」駅周辺は、最近、変化が激しい。その転機の一つは、2008(平成20)年の「日暮里・舎人《とねり》ライナー(東京都交通局)の開業。「日暮里」駅を起点に足立区の「見沼代《みぬまだい》親水公園《しんすいこうえん》」駅を結ぶ全長9・7キロの新交通システムである。

駅周辺は、かつては繊維問屋街だったり駄菓子問屋街があったりした、古風な下町情緒あふれる街並みだったが、2011(平成23)年に三つの高層タワー建築も含む「ひぐらしの里再開発事業」が完了し、現代的な姿へと変貌を遂げている。

新交通システムの開業や再開発事業も寄与しているのであろう、「日暮里」駅の乗車人員は、１日平均11万５２９人と、２００７（同19）年度より3万人近くも増えている。ＪＲ東日本管内では31番目で、これも２００７年度よりも18番、順位を上げた。山手線の駅では16番目となっている。

JY 06 鶯谷《うぐいすだに》

山手線が走っているのに、戸籍上は山手線の駅ではない

山手線各駅のなかで乗車人員が最も少ない

［鶯谷］駅の乗車人員は、１日平均で2万４６１１人。これはＪＲ東日本管内で１６３番目、山手線全駅のなかでは最も少ない29番目である。

この駅は、不動産・住宅情報サイト「ホームズ」が２０１５（平成27）年に調べた「山手線29駅中、最もダサいと思う駅」で、第１位にランクされてしまったが、これは降りたこともない人たちの印象も含まれた集計のようだ。

そんな不遇をかこつ［鶯谷］駅は、実は山手線の駅ではない。戸籍上では、東北本線の

平屋で瓦葺で味のある［鶯谷］駅の駅舎

駅だ。

1909（明治42）年、［新橋（烏森《からすもり》）］～［品川］～［池袋］～［田端］～［上野］間が電化された。その約3年後の1912年、［鶯谷］駅が開業し、同時に［田端］～［鶯谷］間が複線化された。

1970（昭和45）年、現在の南口にあたる駅舎が新築されたが、45年以上経つ今日までほとんどそのままの姿をとどめている。瓦葺の建物で、雰囲気のよい駅舎である。

駅名の由来は諸説紛々

駅名である「鶯谷」の由来が、実はよくわからない。

駅の所在地の住所は、現在は台東区根岸《ねぎし》で

ある。「根岸」は、古くからある地名であり、古典落語の「茶の湯」の舞台ともなっている。そこから命名するのならば、この駅は「根岸」としたほうがすっきりする。あるいは、旧地名は上野桜木町なので、その流れならば、「上野桜木」とか、「桜木（町）」でもふさわしいだろう。

江戸時代、寛永寺《かんえいじ》の住職がウグイスを放ち、この地がウグイスの名所になったことに由来するともいわれている。それにちなむのか、駅ではラッシュ時などにウグイスの鳴き声を放送している。

駅の北口から出た一帯は旅館街となっていて、道路がかなり入り組んでいる。ここは、江戸時代当時からの道がそのまま変わらず残っているのだという。

その一角にあったのが、旧前田家の下屋敷に詰めていた御家人の住む長屋。そこに、明治時代になって住んだのが俳人・正岡子規《まさおかしき》である。その建物は戦災で失われたが往時の姿通りに再建され、子規庵として保存されている。子規庵は、東京都の文化史蹟に指定されている。

JY 05

上野《うえの》

かつては乗車人員ナンバーワンも、その名残は巨大な建物のみ

乗車人員18万2693人。JR東日本の駅のなかで13位、山手線のなかでは9位を誇る「上野」駅。

「上野」駅と聞くと、年配の人の多くが独特の響きを胸に感じるだろう。特に関東以北の出身者は、ふるさとへと向かう列車の始発駅ということで、感慨もひとしおだろう。ただ、新幹線が開通して始発が「東京」駅となってからすでに30年近く。「上野」駅に郷愁をおぼえる人は四十代以上だろう。めっきり少なくなっているのは事実である。

始発駅なのに起点ではないという不思議な駅

鉄道ファンならずともよく知られていることだが、かつて、東北・奥羽・上越・信越・高崎・常磐といった各線の列車の多くは「上野」駅を始発としていたが、それぞれの路線の起点は、「上野」駅ではない。路線上はそれぞれ、「東京」「福島」「高崎」「高崎」「大宮」「日暮里」の各駅が起点である。

［上野］駅が開業したのは早く、1883（明治16）年のこと。国策ではあるが民間の日本鉄道会社が［上野］〜［熊谷］間を開業させたのに伴うものだ。この路線は、関東地方では［新橋］〜［横浜］間に次ぐ歴史を持つ。

ただし、駅舎が正式に落成したのは、翌年ないし翌々年のこと。レンガづくりの2階建てで、瀟洒《しょうしゃ》な建物が話題となった。

「上野」という地名の由来には諸説がある。単純に台地の「上」にある「野」からきたものだという説が一つ。また、江戸時代の大名・藤堂高虎《とうどうたかとら》の江戸屋敷がこの地にあり、本拠地の伊賀上野の地形に似ているから名づけたという説などもある。ただし、「うえの」という地名は、鎌倉時代にすでにあったという史料もあるし、戦国時代の史料のなかに「上野」の地名もあるので、そうなってくると藤堂高虎の説は眉唾《まゆつば》である可能性が高いといわざるを得ない。

明治時代の東京の繁華街といえば、まずは浅草だった。だから、本来ならば［浅草］駅が関東以北へ向かう鉄道の始発駅の最右翼となるはずである。しかし、上野を始発駅とするほうが工費が安くなるため、上野〜王子〜赤羽〜川口〜浦和〜上尾〜鴻巣〜熊谷というルートが選択されたという。

駅構内は、次第に拡張されていく。1890（同23）年には、［秋葉原］駅へ至る貨物専用線が開通した（当時の［秋葉原］駅は貨物専用駅）。１９０３（同36）年、山手線がいよいよ乗り入れるようになった。この時点までは、すべてホームは地上にあった。

１９２５（大正14）年、［上野］～［神田］間が高架線として開通したのに合わせ、電車ホームが高架化し、また貨物専用線も高架化した。これにより、京浜線も乗り入れるようになった。また、駅の出入口としては「公園口」が開設された。

１９３２（昭和７）年に、鉄筋コンクリートづくりの新しい駅舎が完成した。

こんなふうに拡張に次ぐ拡張が行なわれたため、駅構内は複雑な構造となっている。増築した家が奇異な間取りになってしまったりするのと同様である。

そのため、昔から、「上野駅では駅員さんに3回たずねないと汽車に乗れない」といわれてきた。これは地方から出てきたまだ旅慣れていない利用客が輪をかけたからでもあるだろうが、地上のホームの上に高架のホームが重なる、二重構造ゆえの複雑さも大きな原因の一つだといっていいだろう。

しかも、同じホームから通勤電車と長距離列車が発車したり、当時は東北線と上越線、信越線各線の列車が入れ乱れて発着したりしていた。また、行き先の違う列車が併結されて発車することが多かった。これらはかつて、［上野］駅の名物だったのである。

高架ホームから地上ホームを見る。地上ホームの下に、さらに地下の新幹線ホームがある

今も東北出身者の心のふるさと

関東以北出身の年配の読者ならば、毎年2回、お盆と年末年始の時期の［上野］駅のまさに〝殺人的な〟混雑を懐かしく思い出すのではないだろうか。

1970（昭和45）年ごろ、日本はちょうど、高度成長真っ盛りの時期である。働きバチの日本人、お盆や年末年始といった限られた時期に休みが集中するため、恒例の大移動となったものだ。当時、年末年始の長距離客は［上野］駅だけで200万人以上に達したという。ピークは12月30日。この日の夜行列車には約8万人が集中したそうだ。

当時の駅員は総勢で300人ほどがいたそうだが、とても足りず、アルバイトも雇って千数百人態勢になったという。毎年、列車待ちのためのテントがしつらえられ、列車の発車時刻に合わせて乗客を誘導するという光景が見られた。あるときには整理券をワッペンでつくったり、またあるときには、行列の先頭に提灯《ちょうちん》を灯したりと、さまざまな工夫が施された。

不慣れな乗客のため、行き先の地元の曲を流して発車時刻が近づいたことを知らせるなどもしたという。ちなみにそのときの曲は、［新潟］行きは「佐渡おけさ」、［仙台］行きは「さんさしぐれ」のメロディーだった。

［上野］駅にはクルーズトレイン「トランスイート四季島」専用のホーム、13．5番線がある

今日では、新幹線を中心とした路線網の完備と効率的な予約システムの徹底により、こうした繁忙期でもかつてのような混雑は見られなくなった。

　この新幹線網の発達で、［上野］駅発着の在来線列車も変わった。新幹線開業でまず並行する日中の特急が消えた。夜行の寝台特急や急行はしばらく継続したが、徐々に運転を取り止めていった。臨時列車の扱いだったが、定期的に運転されていた寝台特急「カシオペア」も２０１６（平成28）年春で廃止、現在は定期の長距離列車は常磐線系統だけとなってしまった。１９８８（昭和63）年の青函トンネル開通で、北海道連絡の寝台特急「北斗星」などが設定されたのも、今では懐かしい思い出だ。

かつて長距離向け列車の荷物扱いに使われていた13番線と14番線の間の事業用ホームは、今では13・5番線として整備され、２０１７（平成29）年から運行を開始したクルーズトレイン「トランスイート四季島」専用の乗降ホームとなっている。

JY 04 御徒町《おかちまち》

環状運転の始まりとともに開業した新駅

闇市から進化した商店街「アメ横」へ

「御徒町」駅といえば「アメ横」である。年末ともなると、お正月料理の食材を安く買い入れようと、多くの人でごったがえす。アメ横（アメ横商店街）は、「アメ横公式サイト」によると、敗戦後、「上野」駅を中心に発生した闇市を起源としているという。「駅」というのは今も昔も、人や物の流れの拠点となっていたところ。そこに闇であろうとなんであろうと、「市」ができるのは必然である。闇市は新宿や渋谷、池袋などにもできたが、それが進化して大きな一つの商店街として現在まで続いているのは、アメ横だけだという。

同サイトによると、当時、アメリカ軍の物資が横流しされて売られていたから「アメ横」と呼ばれたとも、飴を売っている店が軒を並べていたからだともいわれている。

そんな「御徒町」駅の「御徒」という言葉は、江戸時代の「徒組《かちぐみ》（徒士組《かちぐみ》）」からきているものだ。徒組とは歩兵部隊のことだ。将軍の警護も行なった、いわば親衛隊、近衛兵だ。この徒組の組屋敷がこの地にあったのだ。明治時代になって町名となった。

だが、1964（昭和39）年に「上野5丁目」へと町名変更が行なわれ、現在では、御徒町の名称が残っているのは駅名だけとなった。

駅そのものは、山手線内回り・外回りと京浜東北線大船方面行・大宮方面行のそれぞれのホームが1面ずつという、こぢんまりとしたものである。出口は北口と南口の2カ所あり、アメ横へは北口が便利である。

また、地下鉄大江戸線「上野御徒町」駅への乗り換えができる。ほかにも、地下鉄日比谷線「仲御徒町」駅、地下鉄銀座線「上野広小路」駅への乗り換えができるようになっている。1日の平均乗車人員は6万6975人で、JR東日本エリアでは56番目、山手線内では23番目となっている。

「御徒町」駅の開業は、1925（大正14）年。昭和46年に開業した「西日暮里」駅を別にすれば、山手線の環状運転が始まるときにできた、山手線最新の駅である。最初から高架線として建設され、駅舎は高架下につくられている。

JY 03

秋葉原《あきはばら》

「あきばら」なのか、「あきばはら」なのか？

地元の人々が猛反対した駅建設

オタクの街、電気街……。世界にも知られた「アキバ」への下車駅である［秋葉原］駅。つくばエクスプレスの始発駅でもあり、地下鉄日比谷線の乗り換え駅でもある。乗車人員のとても多い駅だ。1日の平均乗車人員は24万6623人で、JR東日本エリアでは9番目、山手線内では［新橋］駅に次いで7番目となっている。

そんな［秋葉原］駅だが、もともとは貨物駅としてスタートするという、ユニークな履歴を持つ。［上野］駅と南を流れる神田川の佐久間河岸《かし》とを結ぶ貨物線が敷かれ、その終点の駅として設けられた。

貨物線敷設にあたっては、周辺に住む人々が猛反対したという。当初は高架ではなく地

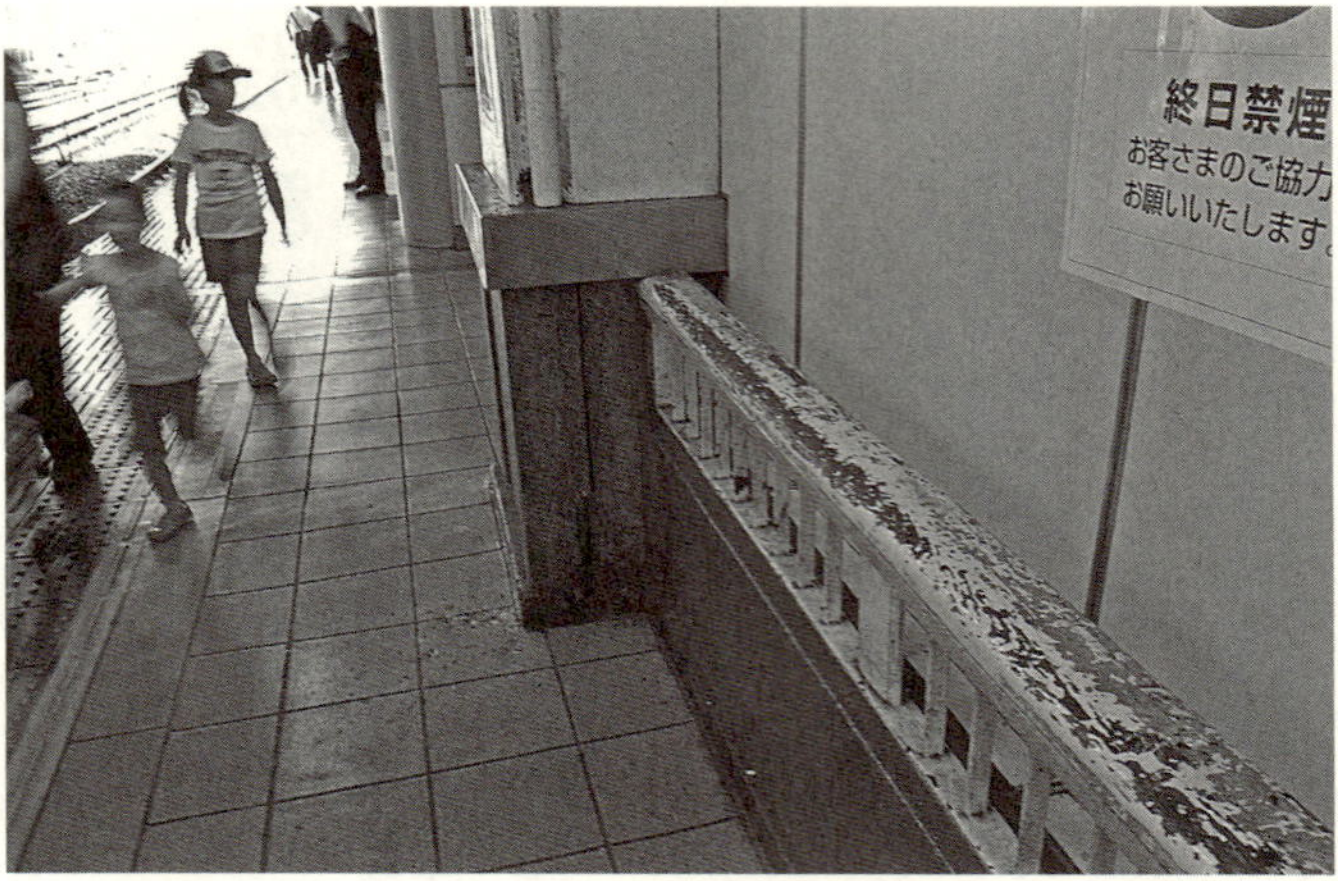

かつての面影を残す古い施設がまだ残っている。写真はホーム上の手すりだが、味のあるつくりだ

上を走るように計画されていたが、鉄道は物騒だからイヤだというのである。危険かどうかはさておいても、反対の理由として、貨物駅では住民が利用できないといった事情もあったのかもしれない。

反対運動はおおいに盛り上がり、当時の日本鉄道会社を提訴するといった事態にまでエスカレートした。

結局、昼間の運行本数を減らすことや、踏切にはきちんと遮断機を設置することなどが鉄道会社から示され、事態は収拾した。開業したのは1890（明治23）年のことだった。

この踏切の遮断機、通常は線路を遮断しているものだったそうだ。列車が接近すると、ぐるぐると90度回って道路を遮断したのだという。

さて、この「秋葉原」駅の駅名だが、「あきばはら」と読んでしまう人も多いのではないだろうか。駅名としては正しくは「あきはばら」だが、その由来には命名の際に鉄道関係者が読み間違えた、などの諸説があるという。

「秋葉原」というのは、近くにある秋葉神社に由来する地名である。この神社の読みは「あきばじんじゃ」。そのため、当時の人々は一帯を「あきばがはら」「あきばのはら」と称していた。つまり、本来ならば、「あきばはら」のほうがふさわしい。その名残で、今でも「あきばはら」という人がいるのも仕方ないことなのである。

column
山手線各駅のヒミツ

ハイテクの街・秋葉原だけに駅の設備も先進的?


今でこそ珍しくもないが、当時としてはとても「ハイカラ」であったエレベーターが、「秋葉原」駅には早くから設置されていたのだという。ただし、それは家電の街だからというわけでも、最先端のITの街だからでもなく、単なる貨物用としてである。

エレベーターが設置されたのは1925(大正14)年。この年の11月1日に旅客用に「秋葉原」駅は高架線となり、それに合わせて貨物駅も高架化され、荷物の上げ下ろしが行なわれたのである。その労力の軽減のために、エレベーターが設置されたというわけだ。

現在、この貨物駅はないが、ちょうどホームに沿ったところに、東北本線の列車などが留められている線路があり、その向こう側、現在ヨドバシカメラと東北新幹線の線路の間の駅前広場辺りに貨物駅があった。東北新幹線の［東京］駅開業（1991〈平成3〉年）に向けて撤去された。

またエスカレーターが早くに設置されたことでも有名だ。この駅は山手線と京浜東北線、それに総武線が乗り入れている。山手線・京浜東北線は同じ高架上だが、総武線はその上に直角に交差する形でホームが2面ある。1932（昭和7）年に総武線が開業したが、地上3階と高い場所にホームがあったため、このときには晴れて旅客用としてエスカレーターが設置された。このエスカレーターは、総武線ホームから直接下りられる東口に設置されたもの。現在と同じ位置だった。

JY 02

神田《かんだ》

「の」の字運転開始とともに開業した駅

近くには一大繁華街だった万世橋駅の名残も

山手線の「の」の字運転というのは、なかなか興味深いエピソードだ。1919（大正8）年3月1日、それまでは［万世橋《まんせいばし》］駅が中央本線の起点だったが、［東京］～［万世橋］間が開業したことで［東京］駅が起点となった。

この日から、山手線は［中野］～［新宿］～［東京］～［品川］～［池袋］～［上野］駅を走る「の」の字運転が始まる。ただし、［中野］～［新宿］間が「の」の字の上に突き出た形である。

［神田］駅も、同じ年に開業した。「神田」という地名の由来には、伊勢神宮に初穂《はつほ》を奉《ほう》納《のう》するための稲田のことを「神田（しんでん、みた）」と呼び、その稲田がこの地にあったからという説や、この地に神田氏という豪族が住んでいたから、という説などがある。

現在［万世橋］という駅はないが、中央（本）線［神田］～［御茶ノ水］間にその名残

開業当時のレンガづくりが残る、［神田］駅付近の高架線。上を走るのは中央線

がある。2013（平成25）年、［万世橋］駅の高架線を利用した商業施設「マーチエキュート神田万世橋」が完成し、古き時代と現代を同時に楽しめる空間として生まれ変わった。

この［神田］駅、現在でも古い時代の面影を各所に残している。まず、ホーム。中央（本）線用と京浜東北線大宮方面行・山手線内回りのホームが昔ながらのもの。屋根などのたたずまいから、大正時代の雰囲気を感じることができる。

［神田］駅は、地下鉄銀座線への乗り換え駅だが、地下鉄［銀座］駅の浅草寄りにある地下道に注目してほしい。地下鉄の［神田］駅は、1931（昭和6）年に開業した駅で、その翌年に地下道に「神田須田町地下鉄スト

開業当時の高架線を再利用して誕生したマーチエキュート神田万世橋

ア」が開店した。日本最古の地下街として、そのノスタルジックなたたずまいが鉄道ファンの心を癒していたが、2011（平成23）年1月、最後の1軒が店を閉じ、80年近くの歴史に幕を下ろした。

また、JRと地下鉄との乗り換え口にあたる地下へ続く階段も天井が低い。現在の「神田」駅は、改良工事により見違えるほどきれいになっているが、この地下鉄の乗り換え口へ降りる階段の天井は低いまま。頭がつかえそうな気がするからか、今でも多くの人がなんとなく頭をかがめて通っている。

「神田」駅といえば、ガード下に並ぶディープな飲み屋街で有名だが、駅がきれいになった現在も、ガードはもちろん飲み屋街も健在で、多くのサラリーマンの憩いの場所として賑わっている。とはいえ［神田］駅は乗り換えが地下鉄1路線だけだからか、オフィス街の駅としては乗車人員が少なく、1日平均10万1340人である。JR東日本エリア内では39番目、山手線内では18番目となっている。

JY 01 東京《とうきょう》

東京の表玄関として生まれ変わった日本の「中央駅」

四つの代表的な幹線の起点となった「中央駅」

［東京］駅は、日本の首都・東京にある「中央駅」。そして、日本を代表する4本の幹線——東海道本線、東北線、中央線、総武線の起点である。

欧米諸国の首都のターミナル駅は、たとえば［パリ北］駅とか［パリ東］駅といったように方面ごとに別々に設けられている。［東京］駅のように、幹線がすべて同じ駅から発着するのはシンプルでわかりやすいが、強固な中央集権をイメージする向きもあるかもしれない。鉄道が国家主導で建設された、富国強兵政策のゆえだろうか。

1890（明治23）年、当時は「中央駅」とされた［烏森（現・新橋）］駅から高架線を走り、現在の［有楽町］駅や［神田］駅を経て［上野］駅へ通じる連絡線を建設する計画が立案された。計画案には、皇居からまっすぐ数百メートルの距離でつながる個所に、「中央駅」（中央停車場）を新しく建設することも盛り込まれた。

一帯は、今日の地名「丸の内」にも見られるように、江戸時代には江戸城内にあって、大名屋敷が軒《のき》を並べていたところだ。明治時代には軍の施設が広がっていた。いわば、日本の中枢といってもよい。

着工されたのは1900（同33）年。ところが、同時期に起こった日清戦争や日露戦争の戦費調達のために建設費が足りなくなり、建設は一時中断。その後、1906（同39）年になって建設が再開した。

見事な「中央駅」として完成

駅舎の設計は辰野金吾。日本銀行本店なども手がけた、当時の日本を代表する建築家である。建物の概要は、赤レンガづくりの鉄骨構造3階建て。両端には、ドーム屋根つきのホールが設けられた。中央部分には皇室専用の休憩施設が設けられ、まさに日本の「中央

開業当時に建てられた柱が現在モニュメントとして残っている

駅」にふさわしい建物である。

竣工し開業したのは1914（大正3）年12月20日。ホームは4本で、2本が山手線と京浜線（1925〈同14〉年に京浜東北線と改称）が使用し、もう2本が東海道本線用となっていた。ドーム屋根のホールは、南北それぞれが乗降場となり、南側が乗車専用、北側が降車専用となっていた。待合室は、列車の等級別になっていたという。

開業の翌年には、ホテル（ステーションホテル）も開業した。

駅の東側、今の新幹線ホームの辺りには、機関区や客車区――列車運行のバックヤードの役割を果たし、いわば鉄道の裏方といった施設が広がっていた。また1929（昭和4）年には、線路を隔《へだ》てた場所に八重洲口が開設されている。

このなかで、1919（大正8）年に［東京］～［万世橋］間、1925（同14）年に［神田］～［上野］間が完成した。この時期、今日の山手線や中央線などの路線配置が次第に形づくられていったのである。

ドーム型から寄せ棟形状の屋根に変身する

太平洋戦争も最末期の1945（昭和20）年に入ると、首都・東京も空襲の被害を免《まぬが》れることはできず、［東京］駅も5月に特徴ある駅舎が焼け落ちてしまう。復旧されるのは2年後だが、形状は少し変わりドーム屋根が寄せ棟形状になった。また、3階建てだったものが2階建て（一部3階建て）となった。

乗降客の増加に伴い、ホームの増設も進んだ。1953（同28）年までに7本のホームができた。1964（同39）年の東海道新幹線の開業、1972（同47）年の総武本線地下ホームの完成、1990（平成2）年には京葉線の地下ホームが完成した。また、1997（同9）年の北陸新幹線（当時は長野新幹線と呼称）の開業に備えて新幹線のホームを増設するために、在来線のホームをすべて1本ずつ丸ノ内方面にずらし、はみだす中央線のホームを、西端のホームの上に重層化した。

なお、私鉄への乗り換えは［東京］駅としては意外にも地下鉄丸ノ内線のみとなっている。地下鉄［大手町］駅へは徒歩圏内で地下道で結ばれているが、［大手町］駅は［東京］駅の接続駅ではない。なお同東西線は、一時的に［大手町］駅の接続駅だったこともある。

乗車人員は、1日平均43万9554人である。JR東日本エリア内、山手線内ともに3番目となっている。

この［東京］駅、2007（平成19）年、創建当初の形態に復原するための工事が起工し、500億円ともいわれる費用をかけ、2012（同24）年10月1日に完成した。丸の

再現された八角形の天井と鷲の彫刻のある折り上げ天井

内駅舎は、創建時のままにドーム形状地上3階建て、レンガづくりの駅舎を再現。ただし、当時にはなかった地下構造が新しく加わり、地下3階建てになっている。

建設にあたり、免震構造や現代工法は一部でとり入れられるが、復原にあたっては、多くが創建時のままの状態を目指し、当時の工法に準じて進められた。

column

山手線各駅のヒミツ

待ち合わせの「銀の鈴」は、現在四代目

［東京］駅で待ち合わせというと、いつのころからか「銀の鈴」でということが相場だ。その由来をたどると、現在の「銀の鈴」は四代目となる。

初代は1968（昭和43）年に設置された。待ち合わせ場所としてわかりやすい目印をと考えた、当時の駅員の発案だという。この初代「銀の鈴」、竹ひごを編んで丸くし、紙を貼りつけた張りぼてだったそうだ。見るに見かねた旧東京駅名店街から鋳銅製の「銀の鈴」が寄贈された。これが二代目だが、さらに三代目も同じく旧東京駅名店街から寄贈された。

2007（平成19）年、八重洲地下中央口内の東京駅エキナカ商業施設「グランスタ」に、新しく四代目の「銀の鈴」が設置された。これは東京藝術大学学長で金工家の宮田亮平氏が制作したものである。
こうして、今や駅構内の各所で「銀の鈴」の場所が案内され、「銀の鈴」は［東京］駅の待ち合わせの場所として最も有名になったのである。

JY 30

有楽町《ゆうらくちょう》

開業当時の高架線、レンガづくりが今も残る

生きた鉄道遺産を見て歩ける絶好の地

［有楽町］駅で乗降した経験のある人で、ちょっと注意力がある人、〝やや「鉄分」がある人〟ならば、2本あるホームの端が前後にかなりずれていることに気づくだろう。これは、開業当時の地形の影響を受けたものである。

［有楽町］駅の開業は1910（明治43）年。当時、東海道本線の起点だった［烏森（現・新橋）］駅と、東北方面へ向かう日本鉄道の［上野］駅とを相互に結ぶ連絡線に設け

［有楽町］駅の駅舎は、開業当時の高架線下につくられている

られる駅として建設された。このとき、［有楽町］駅のほかに、［呉服橋］仮駅も設けられた。現在の［東京］駅よりもやや北に位置し、「仮駅」とあるように「中央駅」（中央停車場、のちの［東京］駅）が完成するまでの仮の駅である。

地図を見るとわかるが、［新橋］駅から北へ向かう線路は、大きく東方向へ迂回するようにカーブする。これは、皇居の外堀に沿う形でのカーブであることが見てとれる。そのため、下を走る道路と直角に交わることができず、斜めに横切ることになった。その影響を受け、高架上の2本のホーム建設も数十メートルずれることになったのである。

連絡線は、市街地に設けられたため、立体交差を目的としてアーチ構造のレンガづくりの高

高架線下の通路。現在もなおそのままの状態で利用されている

架線となった。［神田］～［新橋］間では、当時の名残をそこここで見ることができる。高架下は現在も駅舎のほか、各種の店舗などに利用されていて、まさに「生きた鉄道遺産」といってよいだろう。

　高架上を走る列車の通過音を聞きながら、赤レンガに触れてみよう。いつしか古《いにしえ》の街並みが眼前に広がるような錯覚に陥るのは、鉄ちゃんだけではないだろう。

　ちなみに有楽町の地名は、織田信長の弟・織田有楽斎《うらくさい》の邸宅があったことに由来している。

開業当時から計画された三複線の敷設

　さて、この高架連絡線の需要は相当見込まれていたようだ。開通した翌年の１９１１（明治

44）年には、ホームは2本となり（このときにホームが前後にずれてつくられた）、また6本の線路を敷設する（三複線）計画も立てられた。もともと高架線の幅が広くつくられ、6本の線路が十分に敷ける状況にあった。つまり、山手線と京浜東北線電車が今日のように複々線として走り、その横のもう1組の複線を東海道本線の列車が走るという構想だった。

この計画の実現は、結局、戦争の激化で中止となっている。しかし、戦後、この路線を利用して常磐線が［有楽町］駅まで運転されたこともあった。三複線計画は1956（昭和31）年、山手線と京浜東北線の運転が分離されたことで実現した。その後、地下にさらにもう一組の複線が敷設され、横須賀線がそちらを走るようになった。今日もなお、当時のレンガづくりの高架線を見ることができるのも、当初から現在のような6本の線路を敷くことを考えて幅広くつくったおかげともいえる。当時の人々の先見の明の鋭さに敬意を表したい。

現在の［有楽町］駅の乗車人員は、1日平均16万9550人である。JR東日本エリア内では14番目、山手線内では10番目となっている。

［有楽町］駅に接続する私鉄としては、1974（同49）年に開通した地下鉄有楽町線がある。この地下鉄駅と地下鉄日比谷線・千代田線・三田線の［日比谷］駅が接続駅となっ

たために、旧国鉄［有楽町］駅とも接続する扱いとなった。なお、［有楽町］駅のほど近くに地下鉄丸ノ内線［銀座］駅があるが、接続駅とはなっていない。

現在［有楽町］駅は、２０２０年の東京五輪に向けて、耐震等の改良工事が行なわれている。

column

山手線各駅のヒミツ

東京都のシンボルである太田道灌像が立つ

有楽町といえば、かつて都庁のあった場所である。１８９４（明治27）年に東京府の府庁がこの地に置かれ、１９４３（昭和18）年に東京都となって都庁となった。一帯には、線路をはさんで両側に、十数棟の庁舎が林立していた。

この地での府政・都政は96年間に及んだ。［有楽町］駅は［東京］駅とともに、まさに東京の行政の「中心」への下車駅でもあったのだ。

しかしこうした都庁も、建物の老朽化や庁舎の分立による非効率、ＯＡ対応の遅れなどがあり、１９９１（平成３）年に西新宿に移転したのである。跡地の東側には商業ビルが建ち、西側には東京国際フォーラムがオープンしている。

新橋・汐留・烏森……、どれも新橋にあった駅が名乗った駅名

JY
29

新橋《しんばし》

東京国際フォーラムは［有楽町］駅の駅前であり、正面は［東京］駅寄りとなる。正面から入っていくと、ガラス張りの建物には少々不釣り合いな銅像が立っているのに気づく。この銅像は、太田道灌像。江戸城築城の立役者として有名な人物である。もともとは、旧都庁庁舎に鎮座していたものだ。１９５６（昭和31）年、東京都のシンボルとしてつくられ、江戸城（現・皇居）の方向を見据えていた。東京国際フォーラムに場所を移したが、この道灌さん、ここでもやはり、皇居の方向をしっかりにらんでいる。

東京国際フォーラムに立つ太田道灌像。右方向にある皇居を見据えている

復元された開業当時の新橋駅駅舎（旧新橋停車場）。なかはこぢんまりとした歴史展示室になっている

日本の鉄道事業発祥の地

「新橋」というと、日本で最初に鉄道の走った「新橋〜横浜間」の「新橋」だと考える人が多い。しかし、この「新橋」は、現在の「新橋」駅とは別の場所――東方約300メートルにあったもので、のちには「汐留《しおどめ》」駅と呼ばれる駅のことである。

「汐留」駅は、長く東海道本線の起点となっていたが、東海道本線が現在の「新橋」駅を通るようになってからは、貨物駅として使用された。1986（昭和61）年に貨物駅が廃止されてそのままになっていたが、近年になって再開発が行なわれ、「汐留シオサイト」としてリニューアルされている。

旧新橋停車場に再現されたホームと線路。日本の鉄道の歴史はここから始まった

一帯には高層ビルが建ち並ぶようになったが、最初に鉄道が走ったときの「新橋駅」の駅舎（旧新橋停車場）が、当時そのままの姿でホームなどとともに復元されている。いずれも、保存されていたものではなく新しく再現されたものなので違和感がないわけではないが、当時の姿を想像することができて興味深い施設である。

新橋という地名の由来は、江戸時代にあった橋の名称「新橋」によるという。また、汐留は、この地に堤防があり「潮留《しおどめ》」されていたからだという。烏森《からすもり》は、江戸時代には一帯が砂浜で、「枯州《からす》の森」と呼ばれたからという説などがある。

［烏森］駅から［新橋］駅へ

山手線の［新橋］駅は、１９０９（明治42）年の開業当初は［烏森］駅と呼ばれていた。主として東北方面に路線を延ばしていた日本鉄道の起点である［上野］駅と相互連絡させるため、［品川］方面から高架の連絡線が建設されたが、その連絡線に設けられた駅である。当時の［新橋］は、のちの「汐留」であり、行き止まりの構造だった。［有楽町］駅と同じような構造で、開業時は［有楽町］駅とともに山手線のみが停車していた。

１９１４（大正３）年、［東京］駅の開業に合わせ、東海道本線の起点が［東京］駅となった。［東京］駅の開業まで仮営業していた［呉服橋］仮駅が廃止され、そして［烏森］駅が［新橋］駅に、旧［新橋］駅が［汐留］駅に改称されたのである（12ページの図参照）。［新橋］駅の駅舎は、レンガづくりの瀟洒な建物だった。でき上がった駅舎を見た人々は、どこか見たことのある建物だと思ったかもしれない。実は［新橋］駅の駅舎は、［万世橋］駅の駅舎を参考にして設計されたのだ。万世橋駅舎を設計したのは、東京駅舎を設計した辰野金吾《たつのきんご》。ルネサンス様式の堂々とした２階建ての駅舎だった。関東大震災で大きな被害を受けたが復旧、戦後も長く利用されていた。しかし、１９６４（昭和39）年開通の東海道新幹線建設にともない、惜しまれつつ取り壊された。

現在の［新橋］駅の乗車人員は、１日平均27万１０２８人である。ＪＲ東日本エリア内では７番目、山手線内では６番目となっている。なお、新交通システムの「ゆりかもめ」

への乗り換え駅となっているほか、地下鉄銀座線、都営浅草線の接続駅となっている。現在、2020年の東京五輪に向けて、耐震等の改良工事が行なわれている。

column

山手線各駅のヒミツ

［新橋］駅前のSLは1日3回汽笛を鳴らす

［新橋］駅はサラリーマンの代名詞。テレビでサラリーマンにインタビューしている場面がよく放送されるが、決まってこの駅である。それも日比谷口だ。

こちら側は別名「SL広場」と呼ばれている。小型のSLで、かつては全国で見かけたC11型が静態保存されているからだ。よく目立つため、待ち合わせの目印として利用されている。このSLは静態保存だが、汽笛だけは鳴る。毎日、正午、午後3時、午後6時の3回、ポーッと鳴り響くのだが、周囲の喧噪に埋もれてよく聞き取れないのが残念だ。

［新橋］駅日比谷口——SL広場に鎮座するSL。後ろに見えるのが同駅舎。［有楽町］駅と同じように高架下につくられている。耐震補強されても外観はこのままの予定

JY 28

浜松町《はままつちょう》

季節ごとに着替えをする小便小僧が旅人の心を癒す

［東京］駅方面と［汐留］駅方面の分岐点

鉄道への需要が高まった明治末期、［東京］～［品川］間の路線が整備されていった。その一環で開業したのが［浜松町］駅である。開業も、［有楽町］［新橋］駅と同時期の1909（明治42）年となっている。ただ、依然として東海道本線の列車は、［汐留］駅から発着したため、［浜松町］駅は山手線の電車のみが止まる駅だった。

駅名の由来は、この地に江戸時代、遠江《とおとうみ》国（現・静岡県西部）浜松出身の名主がいたからだという。

なお、［浜松町］駅は［東京］駅方面と［汐留］駅方面への分岐点にあたっていたが、［汐留］駅方面への列車の止まるホームは設けられていなかった。ちょうど、［東京］駅を発車する東海道本線が次に止まるのが［新橋］駅であり、途中の［有楽町］駅にホームが設けられていないのと似ている。

当初のホームは、現在の山手線内回りと京浜東北線大宮方面行が同じホームを共用していた。その後、もう1本ホームが増設され、山手線と京浜東北線は分離運転されている。

乗車人員は、1日平均15万5294人である。JR東日本エリア内では17番目、山手線内では12番目となっている。乗り換えは、羽田空港アクセスの東京モノレール、都営地下鉄大江戸線、浅草線の［大門］駅と接続している。

現在［浜松町］駅は、2020年の東京五輪に向けて、耐震等の改良工事が行なわれている。

ホームの端で小便小僧がおしっこをしている

山手線外回り・京浜東北線大船方面行ホームの田町寄りに、「小便小僧」の像がある。小便小僧の像は世界中にあるが、ベルギー・ブリュッセルが起源といわれ、1919（大正8）年に設置された。

その由来はいくつかあり、戦場で兵士を鼓舞するため、幼い王をゆりかごに入れて連れて行ったところ、その王が敵に向かって小便をして味方を勝利に導いたという言い伝えによるものが一つ。あるいは、これも戦いのときに少年が敵の仕掛けた爆弾の導火線に小便を掛けて消し、味方を救ったというものもある。いずれも、武勇伝説である。

「浜松町」駅の小便小僧は、これとは少し違い、旅人の心を癒すことを願った医師が寄贈したもの。１９５２（昭和27）年のことだ。その後、ボランティアの人たちが、毎月１回衣装を着せ替えて、今日に至っている。

JY 27 田町《たまち》

通勤のプロが巧みに乗り換えに利用する駅

山手線と京浜東北線を乗り換えるならこの駅で

江戸時代、田が一面に広がっていたところに町屋が建ち始めた。そこで、この地を「田町」と呼ぶことにした――。

嘘のような本当の話だが、そこにできたのが「田町」駅である。

「田町」駅は、お隣の「浜松町」駅と同じく１９０９（明治42）年に開業した駅だ。「浜松町」駅と同じように、当初は山手線だけが発着する駅だった。

この駅が大きく変わるのは、まず1914（大正3）年。この年に開業した京浜電車（のちの京浜東北線）の合流駅となった。そのため［浜松町］駅寄りに分離・合流のための分岐器が設置され、京浜電車の折り返し線も敷設されたのである。

その後、1956（昭和31）年に、山手線と京浜東北線の分離運転が行なわれるようになる。このとき、山手線と京浜東北線がそれぞれどちらの線へも乗り入れられるようにした。このおかげで、リフレッシュ工事を行なうときなどに、山手線と京浜東北線が同じ線路を走って、一方を一気に工事することができるのである。そのために、ホームドア設置に際して山手線の6扉車が廃止されたのは前述したとおり。6扉と京浜東北線の4扉の両方に対応することが難しいからだ。

なお、乗り慣れた人は、東京方面から乗って同方向へ走る山手線から京浜東北線、京浜東北線から山手線へ乗り換える場合には、実際に分かれていく［品川］駅ではなく、ここ［田町］駅で乗り換える。［田町］駅では両線が同じホームの反対側の線に止まるのだが、［品川］駅では、山手線の内回りと外回り、京浜東北線の大船方面行と大宮方面行がそれぞれ同一ホームに止まるため、乗り換えるには跨線橋を渡らなくてはならなくなるからである。

［田町］駅の乗車人員は、1日平均15万2624人である。JR東日本エリア内では18番

目、山手線内では13番目となっている。

JY 26 品川新駅《しながわしんえき》（仮称）

2020年春に「田町」〜「品川」間に誕生する新駅

国家戦略特別事業の一環として誕生する新駅

東京五輪が開催される2020年の春、山手線・京浜東北線の「田町」〜「品川」間に新駅が誕生する。山手線としては1971（昭和46）年に開業した「西日暮里」駅以来、およそ半世紀ぶりに迎える新駅だ。

新駅の場所は「田町」駅から約1・3キロ、「品川」駅から約0・9キロ、都営浅草線・京浜急行線の「泉岳寺《せんがくじ》」駅の東側となる地点だ。「田町」〜「品川」間の駅間営業キロは2・2キロと山手線では最長となっていた区間であり、その意味だけでも周辺の利便性がぐっとアップすると期待されている。

この新駅が設置される「田町」〜「品川」間では、山手線・京浜東北線の東側に沿って

2016年3月ごろに撮影された山手線新駅予定地

国鉄時代から続く広大な車両基地が設けられている。これを引き継いだＪＲ東日本では基地設備や車両留置場の整備を進め、約13ヘクタールにもなる用地が捻出された。湘南新宿ラインや上野東京ラインの開業で都心をスルーする運転が開始できたのも、この整備のおかげである。ＪＲ東日本ではこの用地を活用する東京圏の国家戦略特別区域の特定事業として「グローバルゲートウェイ品川」とした街づくりに取り組んでおり、その一環としての新駅設置となったのである。この新しい街にとって新駅は玄関口となるわけだ。

隈研吾が演出する「和」の雰囲気が特徴

駅のデザインは、新国立競技場の設計を担

当、JR東日本でも［渋谷］駅や［宝積寺《ほうしゃくじ》］駅（東北線）などの実績がある建築家の隈研吾《くまけんご》氏がデザインアーキテクトとして参画している。全体のイメージは「和」を感じさせながら日本の魅力を発信する駅というコンセプトで、すでに２０１４（平成26）年から設計作業が進められ、日本の伝統的な折り紙をモチーフとした大屋根、障子をイメージさせる木や膜といった素材を活用することになった。駅舎の東西面には大きなガラス面、コンコースには約１０００平方メートルにおよぶ吹き抜けも設け、街と駅の一体的な空間づくりも目指している。

ホームは山手線・京浜東北線が発着できるよう島式を２面設置、それぞれに可動式ホーム柵を設けた両側４線で乗り降りできる構造だ。改札階とホームの移動はエスカレーターやエレベーターを設置、そのうちのエレベーター１基は24人乗りと大型にしてスムーズな動線の確保に努めている。

「創エネ」もする画期的な駅に期待

環境対策としては屋根に日射反射率の高い膜材を使用し、コンコースの温度上昇を抑えつつ、屋根の消雪用散水機能を活用して打ち水、気化熱による温度抑制も行なう仕掛けだ。

さらに太陽光パネルと小型風力発電機も設置し、「創エネ」も行なう計画だ。

山手線では２０１６（平成28）年８月から駅ナンバリングの使用を開始したが、すでにこの新駅にも「ＪＹ26」という番号が振り当てられている。ただし、既に本格的に着工となったが駅名はまだ発表されておらず、２０１７（同29）年10月現在「品川新駅（仮称）」という紹介が続いている。

なお、２０２０年春は駅の暫定開業と位置付けられ、本開業は２０２４年ごろの街びらきに合わせて行なわれる予定だ。

◎参考文献

『国鉄全線各駅停車④　関東510駅』（相賀徹夫著／小学館）、『この駅名に問題あり』（楠原佑介著／草思社）、『タイムスリップ　山手線』（巴川享則／三宅俊彦著／大正出版）、『鉄道技術用語辞典』（鉄道技術総合研究所編／丸善）、『鉄道要覧』（平成28年度／国土交通省鉄道局監修／電気車研究会）、『日本国有鉄道百年史』（各巻／日本国有鉄道）、『日本鉄道史年表（国鉄・JR）』（三宅俊彦著／グランプリ出版）、『日本鉄道旅行地図帳』（今尾恵介監修／新潮社）、『日本鉄道旅行歴史地図帳』（今尾恵介・原武史監修／新潮社）、『日本の鉄道120年の話』（沢和哉著・築地書館）、『日本の鉄道ことはじめ』（沢和哉著／築地書館）、『日本の鉄道こぼれ話』（沢和哉著／築地書館）、『山手線誕生』（中村建治著／イカロス出版）、『山手線物語』（沢寿次著／日本交通社出版事業局）、『山手線駅と町の歴史探訪』（小林祐一／交通新聞社新書）、『三才ムック 完全解析!! 山手線』（三才ブックス）ほか。

以上のほか、官公庁、関係各社等のWebサイト、新聞各紙の縮刷版などを参考にさせていただきました。

■ 編著者

松本典久 Norihisa Matsumoto

1955年、東京都生まれ。東海大学卒業。出版社勤務を経て、1982年からフリーランスの鉄道ジャーナリストとして活躍。鉄道や旅などを主なテーマとして執筆し、鉄道専門誌「鉄道ファン」などに寄稿するとともに、鉄道や鉄道模型に関する書籍、ムックの執筆や編著などを行なっている。著書や編著書、監修書は数多く、代表的な近著に『時刻表が刻んだあの瞬間——JR30年の軌跡』(JTBパブリッシング)、『東京の鉄道名所さんぽ100』(成美堂出版)、『Nゲージ鉄道模型レイアウトの教科書』(大泉書店)などがある。

カバーデザイン・イラスト：杉本欣右
本文デザイン・DTP：井上亮
写真：井上亮／RGG（松本正敏・宮沢孝一・森嶋孝司・米村博行）／鉄道博物館
編集協力：風土文化社
企画・進行：磯部祥行（実業之日本社）
※本書は書下ろしオリジナルです。

じっぴコンパクト新書　345

JIPPI Compact

ぐるり一周《いっしゅう》34.5キロ
JR山手線《やまのてせん》の謎《なぞ》　2020

2018年1月10日　初版第1刷発行

編著者……………松本典久
発行者……………岩野裕一
発行所……………株式会社実業之日本社
〒153-0044 東京都目黒区大橋1-5-1 クロスエアタワー8階
電話(編集)03-6809-0452
　　(販売)03-6809-0495
http://www.j-n.co.jp/
印刷・製本…………大日本印刷株式会社

ISBN 978-4-408-33759-3（第一趣味）